William Shakespeare

Dramatische Werke

König Heinrich der Vierte Theil 1

William Shakespeare

Dramatische Werke
König Heinrich der Vierte Theil 1

ISBN/EAN: 9783743399822

Hergestellt in Europa, USA, Kanada, Australien, Japan

Cover: Foto ©Thomas Meinert / pixelio.de

Manufactured and distributed by brebook publishing software
(www.brebook.com)

William Shakespeare

Dramatische Werke

König Heinrich der Vierte.

Erster Theil.

Von

William Shakespeare.

Uebersetzt

von

Otto Gildemeister.

Mit Einleitung und Anmerkungen.

Leipzig:

F. A. Brockhaus.

1868.

König Heinrich der Vierte.

Erster Theil.

Einleitung.

Die erste Scene dieses Dramas schließt sich unmittelbar an den fünften Act „König Richard's des Zweiten" an; die einheimischen Kämpfe, von denen König Heinrich so „erschüttert und sorgenbleich" sich nennt, sind die nämlichen, deren siegreiche Unterdrückung in dem vorhergehenden Stücke, ehe der Vorhang fällt, gemeldet wird. Und so ist „Heinrich der Vierte" auch in seinem ganzen Verlaufe als eine organische Fortsetzung „Richard's des Zweiten" zu betrachten. Wie bei letzterm Stück so ist auch hier Holinshed's Chronik die vornehmste Quelle, welche dem Dichter das rohe Material geliefert hat; aber obwol zwischen der Abfassung der beiden Stücke nur ein kurzer Zeitraum liegt, verräth das zweite in der Gestaltung und Belebung des überlieferten Stoffs eine überraschend gesteigerte Kraft. Verglichen mit der erstaunlichen Fülle dichterischer Schöpfung, die sich in beiden Theilen „Heinrich's des Vierten" entfaltet, erscheint die Anregung, welche die Chronik darbot, ungemein ärmlich: außer ganz einzelnen charakteristischen Zügen hat sie dem Dichter wenig mehr als den äußerlichen Gang der Ereignisse an die Hand gegeben; von der Charakteristik der Hauptfiguren, die gerade in diesen beiden Dramen so glänzend sich entwickelt, enthält sie kaum die dürftigsten Keime, gar nicht zu reden von der komischen Dichtung, welche Shakespeare der Haupt= und Staatsaction zur Seite gehen läßt.

Der Erste Theil „König Heinrich's des Vierten" behandelt die Ereignisse, welche in das dritte und vierte Regierungsjahr (1402—3) dieses ersten Monarchen aus dem Hause Lancaster fallen, den Abfall des nordenglischen Adels, welcher, nachdem er zuerst dem Usurpator zum Throne verholfen hatte, sich auflehnte, sobald er entdeckte, daß der neue Lehnsherr die Rechte und Machtvollkommenheiten der Krone sehr ernstlich und nachdrücklich geltend zu machen verstehe und durchaus nicht gesonnen sei, seinen ehemaligen Helfern ihre Vasallen- und Unterthanenpflichten nachzulassen. Diesen trotzigen, nach Eigenmacht strebenden Adel repräsentirt bei Shakespeare die große northumberländische Familie der Percy, deren ruhmreichster Sprößling, Heinrich Heißsporn, in zahlreichen Volksliedern und Balladen gefeiert wurde, lange bevor unser Dichter ihm die Unsterblichkeit sicherte. Heißsporn hatte einen großen Sieg bei Nesbit über die Schotten unter Douglas erfochten und dadurch die nächste, wenn auch nur äußerliche Veranlassung zu dem Zerwürfnisse mit dem König herbeigeführt. Shakespeare las darüber in seinem Holinshed das Folgende:

„Archimbald Graf Douglas, sehr ungehalten in seinem Sinn über seine Niederlage, erwirkte sich eine Vollmacht zu einem Einfall in England, und das zu seinem Schaden. Denn bei einem Orte Namens Homeldon wurden sie von den Englischen unter Anführung des Lord Percy, genannt Heißsporn, und Georg's Grafen von March so wüthend angegriffen, daß sie durch den Ungestüm der englischen Geschosse gänzlich besiegt und in die Flucht geschlagen wurden, am Tage des Kreuzes zur Erntezeit, unter großem Blutbade, so die Englischen anrichteten. Und fielen Männer von Ansehen: Sir John Swinton ꝛc. und 23 Ritter, dazu 10000 von den Gemeinen, und an Gefangenen waren unter andern diese da: Mordake Graf von Fife, Sohn des Regenten, Archimbald Graf Douglas, welcher in der Schlacht eins seiner Augen verlor, Thomas Graf von Murray, Robert Graf von Angus und, wie etliche Schriftsteller sagen, die Grafen von Athol und Menteith, nebst fünf andern geringern Ranges.“ Und sodann weiter: „Heinrich Graf von Northumberland und sein Bruder Thomas Graf von Worcester und sein Sohn der Lord Heinrich Percy, genannt Heißsporn, welche dem König Heinrich im Anfang seiner Regierung sowol getreue Freunde als eifrige Helfer gewesen waren, begannen jetzt seinen Reichthum und Wohlfahrt zu beneiden, und sonderlich kränkte es sie, daß der König von dem Grafen und seinem Sohn die schottischen Gefangenen, so bei Homeldon und Nesbit gemacht worden waren, begehrte; denn von allen Gefangenen aus diesen beiden Gefechten ward nur Mordake Graf von Fife, des Herzogs von Albany Sohn, in den Besitz des Königs ausgeantwortet, wiewol der König zu etlichen und unterschiedlichen malen die Auslieferung der übrigen begehrte, und das mit starken Drohungen. Darüber waren die Percy sehr erzürnt, dieweil sie diese als ihre eigenen Gefangenen und besondere Beute in Anspruch nahmen, und auf den Rath des Lord Thomas Percy, Grafen von Worcester, dessen Trachten, wie etliche schreiben, immer dahin ging, Haß anzuftiften und Haber zu erregen, kamen sie zum König nach Windsor, um ihn auf die Probe zu stellen, und verlangten da von ihm, daß er durch Loslauf oder sonstwie ihren leiblichen Vetter Edmund Mortimer, Grafen von March*), aus dem Gefängniß befreie, welchen, wie sie berichteten, Owen Glendower in schmutzigem Kerker, mit Eisen gefesselt verwahre, blos weil er seine Partei ergriffen habe und ihm treu und hold sei. Der König ward bei diesem Begehren nicht wenig nachdenklich, und das nicht ohne Grund; denn in der That berührte es ihn ziemlich nahe; dieser Edmund nämlich war der Sohn Roger's Grafen von March, Sohns der Lady Philippa, Tochter Lionel's Herzogs von Clarence, des dritten Sohnes König Edward's III., welcher Edmund, als König Richard nach Irland ging, zum Erben des Reichs und der Krone ausgerufen worden war, und seine Tante Eleonore hatte der Lord Heinrich Percy zur Ehe; und darum konnte König Heinrich nicht wohl hören, daß jemand für die Förderung dieser Linie Eifer zeigte. Der König, als er über die Sache nachgedacht hatte, antwortete, der Graf von March sei nicht um seinetwillen noch in seinem Dienste in Gefangenschaft gerathen, sondern habe mit Fleiß sich greifen lassen, weil er den Angriffen Owen Glendower's und seiner Spießgesellen nicht habe Widerstand leisten wollen; darum wolle er ihn weder auslösen noch befreien. Die Percy waren über diese Antwort und trügerische Ausflucht nicht wenig entrüstet, dergestalt daß Heinrich Heißsporn öffentlich sagte: «Sehet, der Erbe des Reichs ist seines Rechts beraubt, und doch will der Räuber ihn nicht freikaufen mit seinem eigenen Gut.» So zogen die Percy ab in ihrer Wuth, auf nichts sinnend, als König Heinrich von dem hohen Range seiner Königswürde abzusetzen und an seine Stelle ihren Vetter Edmund Grafen von March zu setzen, den sie nicht allein aus der Gefangenschaft befreiten, sondern auch zum großen Mißfallen König Heinrich's mit vorbenanntem Owen Glendower ein Bündniß abschlossen.''

Ueber Owen Glendower fand Shakespeare in seiner Quelle das Folgende: ,,Dieser Owen Glendower war der Sohn eines Junkers in Wales Namens Griffith Bichan; er wohnte im Kirchspiel Conway in der Grafschaft Merioneth in Nordwales an einem Orte, welcher Glendourwie hieß oder als wenn man auf englisch sagte: das Thal am Wasser des Dee, wonach er den Beinamen Glendourdee erhielt. Er befliß sich zuerst des Studii der Rechte des Reichs und war Lehrling bei einem Sachwalter und diente dem

---

*) Wegen dieses geschichtlichen Irrthums, dem Shakespeare folgte, vgl. die Anmerkungen.

König Richard im Schlosse Flint, als der von Heinrich Herzog von Lancaster gefangen genommen ward; wiewol andere schreiben, er habe König Heinrich IV., ehe der zur Krone gelangte, als Knappe gedient."

Dieser walisische Junker warf sich in spätern Jahren, gereizt, wie man sagt, durch den Uebermuth eines mächtigen englischen Grenznachbarn, zum Vorkämpfer seiner unterdrückten celtischen Lands= leute auf; er gab vor, von den alten kymrischen Fürsten abzustam= men, und verstand es, dem großen Haufen so zu imponiren, daß man ihn für einen Zauberer hielt. Holinshed erzählt, daß bei Glendower's Geburt seltsame Wunder sich ereigneten; in der Nacht, wo er zur Welt kam, fand man die Pferde in seines Vaters Stall bis an den Bauch in Blut stehen. Als er seine Raubzüge aus den Gebirgen von Wales in die benachbarten englischen Grafschaften eröffnete, erschien ein flammender Stern am Firmament, der feurige Strahlen weithin entsandte, und als 1402 der König selbst mit großer Macht wider ihn anrückte, „war alle Müh' und Arbeit ver= loren; denn Owen Glendower entwich in die ihm bekannten Schlupf= winkel und verursachte, wie man glaubte, durch Magie solch Un= wetter mit Winden, Stürmen, Regen, Schnee und Hagel, daß der König heimzukehren genöthigt war". Seinen Sieg über Edmund Mortimer erzählt Holinshed so:

„Owen Glendower, nach seiner Gewohnheit, raubte und plün= derte innerhalb der englischen Grenzen, und darum versammelte sich wider ihn die ganze Macht der Grafschaft Hereford unter der Anführung Edmund's Grafen von March. Da es aber zur Schlacht kam, geschah es, entweder durch Verrath oder sonstwie, daß das englische Heer geschlagen, der Graf gefangen und über tausend seiner Leute niedergemacht wurden. Die schmähliche Büberei, so die welschen Weiber gegen die todten Leichname verübten, war so, daß ehrbare Ohren sie zu hören und sittsame Zungen davon zu sprechen sich schämen würden."

Glendower versöhnte sich übrigens bald mit seinem Gefangenen, der ihn als Fürsten von Wales anerkannte und seine Tochter hei= rathete. Die beiden traten dann mit den Percy zu einem Bund zusammen, dessen Zweck es gewesen sein soll, das Reich unter die drei Hauptverschworenen zu theilen. „Durch ihre Abgeordneten", berichtet Holinshed, „theilten sie in dem Hause des Erzdechanten von Bangor das Reich unter sich, ließen darüber einen dreifachen Urkundenbrief aufsetzen und mit ihren Siegeln besiegeln, und ward nach dessen Artikeln ganz England vom Trent und Severn süd= und ostwärts dem Grafen von March, ganz Wales und die Lande west= lich vom Severn dem Owen Glendower, und alles übrige vom

Trent gen Norden dem Lord Percy zugesprochen. Dies geschah, wie etliche sagen, im thörichten Glauben an eine hohle Prophezeiung, als ob König Heinrich der Maulwurf wäre, den Gottes eigener Mund verflucht habe, und die drei wären der Drache, der Löwe und der Wolf, die sein Reich unter ihnen theilen sollten." Als alles vorbereitet schien, erließen die Aufständischen ein Manifest, in welchem sie ihre Beschwerden gegen den König aufzählten, ähnlich wie es in dem Stücke durch Worcester's Rede geschieht; dann rückte man von beiden Seiten ins Feld, der König aber mit solcher Schnelle, daß er die Rebellen bei Shrewsbury traf, ehe sie ihn erwartet und alle ihre Streitkräfte herangezogen hatten. Noch einmal versuchte der König den Weg der Verhandlung; er machte dem Grafen von Worcester weitgehende Anerbietungen; „als er aber", so berichtet Holinshed, „zu allen billigen Zusagen sich herbeigelassen hatte und sich mehr als für seine Würde schicklich zu demüthigen schien, da erstattete, wie für wahr behauptet wird, der Graf von Worcester bei seiner Rückkehr zu seinem Neffen einen Bericht, der den Worten des Königs schnurstracks zuwiderlief, dergestalt daß er seines Neffen Herz mehr denn je zuvor wider den König aufbrachte, und so trieb er ihn zum Kampfe, er mochte wollen oder nicht. Da plötzlich bliesen die Trompeten, des Königs Seite rief: «Sanct-Georg! drauf los!» die Gegner riefen: «Espérance! Percy!» — und so stießen die zwei Heere wüthend aufeinander."

Daß Prinz Heinrich persönlich den Heißsporn erlegt habe, davon weiß die Geschichte und auch, soviel bekannt, die Volkssage nichts. Er war im Jahre 1403, in welches die Schlacht bei Shrewsbury fällt, erst sechzehn alt, was indeß Shakespeare, der ihn sich offenbar älter denkt, schwerlich genau berechnet hat. Holinshed sagt nur: „Der Prinz von Wales half an diesem Tage seinem Vater als ein tapferer junger Herr; denn wiewol ein Pfeil ihn im Gesichte verwundete, sodaß etliche Edelleute um ihn begehrten, ihn vom Schlachtfeld zu führen, so wollte er ihnen solches dennoch in keiner Weise zugeben, damit nicht sein Abgang etwa seinen Leuten Schrecken einjage, sondern blieb, ohne der Wunde zu achten, bei den Seinen und ließ nicht ab zu fechten, wo die Schlacht am heißesten war, noch seine Leute anzufeuern, wo es am nöthigsten schien. Diese Schlacht währte drei lange Stunden mit unentschiedenem Glück auf beiden Seiten, bis endlich der König mit dem Rufe: «Sanct-Georg und Sieg!» das Treffen seiner Feinde durchbrach und so weit sich bloßstellte, daß, wie etliche schreiben, der Graf Douglas ihn niederwarf und in dem Augenblick Sir Walter Blunt und drei andere in des Königs Tracht und Rüstung erschlug und sagte: «Mich wundert's, wie so viel Könige hintereinander aufstehen.« Der König ward bald aufgerichtet und vollbrachte an dem Tage manche rühmliche Waffenthat; denn wie geschrieben steht, er=schlug er an dem Tage mit eigenen Händen 36 Personen von seinen Feinden. Die andern auf seiner Seite, angefeuert durch seine Thaten, fochten mannhaft und erschlugen den Lord Percy, genannt Herr Heinrich Heißsporn. Und um zu schließen, so wurden des Königs Feinde besiegt und in die Flucht geschlagen, auf welcher Flucht der Graf von Douglas, da er in seiner Eile von dem Felsen eines hohen Bergs fiel, eine seiner Testikeln brach und ergriffen ward und dann für seine Tapferkeit vom König frei und ledig ge=lassen.«

Dies ist das Material, aus welchem Shakespeare die ernste Hälfte des Dramas aufgebaut hat. Ungleich dürftiger noch ist das=jenige, was seine Quellen ihm an Stoff für den komischen Theil der Dichtung boten; letzterer ist beinahe ausschließlich als seine eigene freie Schöpfung anzusehen, und höchstens kann man sagen, daß er den Grundgedanken und eine oder die andere Anekdote der Chronik und der Bühnentradition verdankte. Holinshed erwähnt gelegentlich, daß Heinrich von Monmouth, wie er nach seinem Ge=burtsort genannt ward, als junger Mann wüstem Lebenswandel und dem Umgange mit rohen und niedrigen Gesellen sich ergeben, bei seiner Thronbesteigung aber einen neuen Menschen angezogen habe und ein Muster aller fürstlichen und christlichen Tugenden ge=worden sei. Es wird namentlich erzählt, daß er einmal den Lord=Oberrichter Gascoigne, weil derselbe einen der prinzlichen Spießge=sellen bestrafte, geschlagen habe und dafür von dem Richter ver=haftet worden sei. In den ältern und zuverlässigern historischen Quellen finden sich wenigstens Andeutungen, welche darauf schließen lassen, daß der Prinz einestheils einem lustigen Leben nicht abhold war und anderntheils mit seinem Vater vorübergehend auf gespann=tem Fuß lebte. Es steht urkundlich fest, daß in Einem Jahr hundert Tonnen Weins für seinen Haushalt steuerfrei gelandet wurden, daß sein Oheim, der Bischof von Winchester, einmal 826 Pfd. St. Schulden für ihn bezahlte, und daß er noch als König Gläubiger aus seiner Jugendzeit befriedigte. Im Jahre 1412 verbreitete sich in London das Gerücht, der Prinz habe eine große, zur Verthei=digung von Calais bestimmte Geldsumme unterschlagen, und der Geheime Rath sah sich gemüßigt, demselben öffentlich zu widersprechen. Auch daß der Prinz infolge eigener Verschuldung seinen Sitz im Ge=heimen Rath verlor, ist historisch. (Vgl. Pauli, „Geschichte von England", V, 69.) Die besten Gewährsmänner versichern, daß er Musik und Lustbarkeiten überaus geliebt und dem Verkehr mit Frauen sehr zugethan gewesen sei (ebendaselbst).

Gerade seine jugendliche Ungebundenheit mag dazu beige=
tragen haben, vor allen englischen Königen den Sohn Hein=
rich's IV. zu einem Liebling des Volks und, wie man wol sagen
darf, zu einem Liebling Shakespeare's zu machen. Auf das Volk
mußte ein toller, wilder Junge, der plötzlich sich in einen großen
Regenten verwandelte, einen tiefen Eindruck machen; es ist erklär=
lich, daß Anekdoten über diesen merkwürdigen Umschwung im Ge=
dächtniß der Nation fortlebten. Pauli's Vermuthung, „daß die
trüben, späten Quellen, aus denen Shakespeare schöpfte, unmittel=
bare Tradition bewahrt haben", hat viel Wahrscheinlichkeit für sich.
Die Art, wie der Dichter das ganze Verhältniß von Anfang an
behandelt, deutet darauf hin, daß er seinem Publikum nichts be=
sonders Ueberraschendes, sondern etwas in den Hauptzügen Wohlbe=
kanntes vorführte. Man wird sich die Sache etwa so zu denken
haben, als ob heutzutage ein deutscher Poet die kronprinzlichen Er=
lebnisse Friedrich's des Großen für ein Drama verwerthete, wo
denn auch der Stoff im allgemeinen dem Publikum vertraut sein,
die Verwerthung desselben aber ganz von der Befähigung des Dich=
ters abhangen würde. Daß aber Heinrich V. sowol als Kron=
prinz wie als König ein ganz besonderer Lieblingsheld nicht
nur des Volks, sondern auch Shakespeare's gewesen sei, das, dünkt
uns, leuchtet aus jeder Zeile der ihm gewidmeten drei Dramen
hervor. Der scheinbare Widerspruch, der zwischen den Jugend=
streichen und den Mannesthaten des Helden hervortrat, mochte
Shakespeare als psychologisches Problem reizen und mußte, nach=
dem er mit genialem Scharfblick die Lösung dafür gefunden hatte,
seine tiefe Sympathie erwecken.

Es ist zu beachten, daß die Sache von dem Dichter durchaus
nicht so dargestellt wird, als ob der Prinz, etwa infolge eines er=
schütternden Ereignisses, sich plötzlich bekehre. Es ist keine Sinnes=
änderung, sondern nur eine Aenderung des Verhaltens, welche er
uns zeigt. Gleich bei seinem ersten Auftreten ist er innerlich ebenso
frei und ebenso verschieden von seinen Umgebungen wie in dem
Augenblicke, wo er als König die ehemaligen Zechbrüder vom Hofe
verbannt. Er hat keinen Kampf durchzumachen, um mit seinem
frühern Leben zu brechen. Er ist als Falstaff's Gönner schon ebenso
heldenmüthig und ebenso vornehmer Gesinnung wie hernach auf dem
Schlachtfelde von Agincourt. Das Charakteristische an ihm ist, daß
er zu gleicher Zeit des Gefallens an niedrigen Realitäten und
des edelsten Aufschwungs fähig ist, und daß er sowol jenen als
auch diesem gegenüber den klaren Blick eines überlegenen Geistes
sich erhält. Er hat den offensten Sinn für das Ergötzliche, welches
die Gemeinheiten und die Schwächen der menschlichen Natur dar=

bieten, und er gibt sich dem Genusse dieses Ergötzlichen mit einer
hohen Objectivität, mit einer souveränen Sicherheit hin, welche be=
weist, daß sein eigentliches Wesen von diesen Dingen nie berührt
werden kann. Er hat andererseits das tiefste Gefühl für das Große,
das Königliche und das Heldenmäßige, aber seine Intelligenz ist so
fein und so vielseitig, daß er auch diesem Gefühle gegenüber mit einer
gewissen spielenden Freiheit sich zu bewegen wagen darf. So trägt
eine und dieselbe Wurzel beide Seiten seiner Natur. Die adeliche
Höhe seines Wesens erhebt ihn über die Gefahren seines Humors;
sein Humor trägt ihn über die Schranken pathetischer Einseitigkeit
hinweg. Percy ist eine höchst intensive, aber in ihrer soldatischen
Energie beschränkte Heldennatur; Prinz Heinrich, der bei gleicher
Energie und Ritterlichkeit gleichmüthig mit den Lorbern spielt und
tändelt, kündigt sich eben dadurch als den Größern an. Die Dinge
dieser Welt imponiren ihm nicht; er trägt seine Rüstung leicht und
bequem. Die Vereinigung aber eines solchen Humors und eines
solchen heroischen Temperaments ist nur bei Menschen ersten Ranges
anzutreffen, und einen solchen hat Shakespeare, gleichviel ob, histo=
risch betrachtet, mit Recht oder Unrecht, in Heinrich Monmouth er=
kannt, einen Menschen, der gleich ihm selbst die Höhen wie die
Tiefen des Lebens gelassen beherrsche und der mit dieser geistigen
Eminenz die ganze physische und Willensenergie eines englischen
Vollblutmannes verbinde. Darum hat er auf diesem einen Haupte
nicht allein alle Ehren des Ritters und des Feldherrn vereinigt,
sondern auch den niedern Sphären, in denen seine übermüthige
Jugend ihr ausgelassenes Spiel treibt, eine liebevollere, eingehen=
dere Behandlung, als sie sonst den komischen Episoden der ernst=
haften Dichtung bei ihm zutheil wird, gewidmet. Die komischen
Scenen sind hier in der That mehr als bloße Episoden und Inter=
mezzi, sie bilden geradezu eine Hälfte der Dichtung selbst, und sie
sind mit einem von Leben förmlich strotzenden Gehalt ausgestattet,
welcher sie den höchsten Leistungen auf diesem Gebiet ebenbürtig
macht. Die Welt des Gemeinen, welche einen Prinzen Heinrich an=
ziehen sollte, mußte mit allen Zaubern des Humors ausgestattet
sein, und es ist daher mehr als eine Dichterlaune, wenn die
größte Schöpfung der komischen Dichtung aller Völker und Zeiten,
Sir John Falstaff, gerade in dieser fürstlichen Gesellschaft die
Bühne betreten hat.

Wie Goethe zu seiner Faust=Tragödie die erste Anregung aus
löschpapierenen Volksbüchern und von Puppentheatern empfing, so
hat Shakespeare zu seinen Falstaff=Scenen die erste vage Inspiration
möglicherweise, ja wahrscheinlich von einem rohen Bühnenmachwerke
empfangen, welches lange vor ihm unter dem Titel: „The famous

Victories of Henry the Fifth" Leben und Thaten Heinrich's von
Monmouth darstellte. Es spricht für die außerordentliche Populari=
tät des Stoffs, daß dies armselige, ungeschlachte und witzlose Stück
nicht allein wiederholt (zuerst 1588) und noch im 17. Jahrhundert
gedruckt, sondern auch noch aufgeführt ward, als bereits Shake=
speare's Dramen ihm Concurrenz machten. In diesem Stück ist
allerdings ein dürftiger Keim der Falstaff=Scenen enthalten. Der
Prinz erscheint hier von einer Bande wüster, aber gänzlich unge=
salzener Burschen umgeben, deren Humor ausschließlich darin be=
steht, daß sie fluchen, saufen, sich raufen und auf den Landstraßen
rauben. Der Prinz leistet ihnen darin mit höchst ernsthaftem Eifer
Gesellschaft; er ist ebenso roh wie die andern. Die berühmte Schenke
zu Eastcheap kommt bereits in den „Famous Victories" vor, ebenso
ein Gadshill und ein Ned (Ede) unter des Prinzen Spießgesellen.
Unter den letztern befindet sich auch ein Mann von unförmlichem
Leibesumfange, Sir John Oldcastle oder Jockey genannt, welcher
merkwürdigerweise, obwol er nicht ein einziges witziges oder komi=
sches Wort von sich gibt, und offenbar blos weil er dick ist von
dem Publikum mit Sir John Falstaff identificirt ward, sodaß
Shakespeare in dem Epilog zum zweiten Theil „König Heinrich's
des Vierten" gegen diese ehrenrührige Verwechselung ausdrücklich
sich zu verwahren für nöthig fand. Es ist möglich, daß der Sir
John Oldcastle auf der Bühne komischer sich ausnahm als in dem
Text; vielleicht auch mag der Schauspieler, der den Falstaff gab,
die Maske seines Vorgängers angenommen und dadurch den Irr=
thum veranlaßt haben. Jedenfalls ist so viel gewiß, daß der Zu=
sammenhang, in welchem Shakespeare's Dichtung zu den „Famous
Victories" steht, ein durchaus oberflächlicher ist und über einige
gleichartige Aeußerlichkeiten nicht hinausgeht.

Der Erste Theil „König Heinrich's des Vierten" muß sehr
bald nach „König Richard dem Zweiten" entstanden sein. Letzterer
erschien 1597 im Druck; im Anfang 1598 wurde unser Stück von
dem Verleger in die Register der londoner Buchhändler eingetragen
und bald nachher als Quartband unter folgendem Titel verkauft:
„The History of Henry the Fourth. With the Battell of Shrews=
burie, betweene the King and Lord Henry Percy, surnamed Hen=
rie Hotspur of the North. With the humorous conceits of Sir
John Fallstalffe At London, Printed by P. S. for Andrew Wise,
dwelling in Paules Churchyard, at the signe of the Angell."
(Die Geschichte Heinrich's des Vierten. Mit der Schlacht bei
Shrewsburie zwischen dem König und Lord Heinrich Percy, genannt
Heinrich Heißsporn vom Norden. Mit den launigen Einfällen des
Sir John Fallstalffe. London, gedruckt von P. S. für Andreas

Wise, wohnhaft am Pauls-Kirchhof, im Zeichen des Engel.) Dieser anonymen Ausgabe folgte 1599 die zweite mit dem Zusatze auf dem Titelblatte „neu corrigirt von William Shakespeare", was beiläufig eine gröbliche Unwahrheit ist, da die zweite Ausgabe sich nur durch mehr Druckfehler von der ersten unterscheidet. Noch drei weitere Quartausgaben (1604, 1608 und 1613) erschienen zu Lebzeiten des Dichters im Verlage des Matthäus Law, eines Compagnons des obengenannten Wise. Aus dieser, für die damaligen Verhältnisse außergewöhnlichen Zahl von Auflagen ist auf eine große Popularität des Dramas um so mehr zu schließen, als das lesende Publikum zu Shakespeare's Zeit sicherlich nur einen kleinen Bruchtheil der englischen Nation bildete.

König Heinrich der Vierte.

Erster Theil.

Personen.

König Heinrich der Vierte.
Heinrich, Prinz von Wales, } seine Söhne.
Prinz Johann von Lancaster,
Graf von Westmoreland.
Sir Walter Blunt.
Thomas Percy, Graf von Worcester.
Heinrich Percy, Graf von Northumberland.
Heinrich Percy, genannt Heißsporn, sein Sohn.
Edmund Mortimer, Graf von March.
Scroop, Erzbischof von York.
Archibald, Graf von Douglas.
Owen Glendower.
Sir Richard Vernon.
Sir John Falstaff.
Sir Michael, ein Freund des Erzbischofs.
Poins.
Gadshill.
Peto.
Bardolf.

Lady Percy, Heißsporn's Gemahlin.
Lady Mortimer, Glendower's Tochter.
Frau Hurtig, Schenkwirthin zu Eastcheap.

Edelleute, Offiziere, ein Sheriff, ein Kämmerer, Küfer,
Kärrner, Reisende, Diener, Gefolge u. s. w.

Die Scene ist in England.

Erster Aufzug.

London. Zimmer im Palaste.

König Heinrich, Westmoreland, Sir Walter Blunt und andere
(treten auf).

König Heinrich.

So tief erschüttert, so von Sorge bleich,
Ersehn wir Zeit, wo der erschreckte Friede
Aufathmen mag, von neuem Kampfe stammeln,
Der auf entlegnem Strand beginnen soll.
Nicht mehr soll dieser Erde durst'ger Schlund
Mit ihrer Kinder Blut die Lippen färben,
Nicht mehr der scharfe Krieg ihr Feld zerpflügen,
Noch ihre Blumen stampfen untern Huf
Feindlicher Märsche; die entzweiten Augen,
Die, wie die Meteor' am stürmischen Himmel,
Obwol aus gleicher Art und Stoff erzeugt,
Noch jüngst im grimm'gen Handgemeng und Anlauf
Der Bürgermetzelei einander trafen,
Sie sollen nun, gepaart in schönen Reihn,
All' Eines Weges ziehn, nicht mehr entzweit
Mit Nachbarn, Freunden und Verbündeten;
Nicht soll der Krieg, ein schlecht verwahrtes Messer,
Den eignen Herrn mehr schneiden. Drum, ihr Freunde,
Bis zu dem fernen Grabe Christi hin —
Als dessen Krieger unterm heil'gen Kreuz
Wir eingereiht sind und zum Kampf verpflichtet —
Entsenden wir alsbald ein englisch Heer,
Deß Arme schon im Mutterleib sich formten
Zur Heidenjagd dort, wo auf heil'ger Flur
Die benedeiten Füße wandelten,
Die uns zum Heil vor vierzehnhundert Jahren

1*

Genagelt wurden an das bittre Kreuz.
Doch dieser Plan ist schon zwölf Monden a't,
Und nicht zu sagen brauch' ich, daß wir gehn;
Dazu sind wir nicht hier. Drum laßt mich hören
Durch Euch, mein werther Vetter Westmoreland,
Was gestern Abend unser Rath beschloß
Zur Förderung des theuren Unternehmens.

Westmoreland.

Herr, diese Eile ward eifrigst erwogen
Und mancher Kostenanschlag aufgesetzt
Noch gestern Nacht: da kam uns in die Quer
Ein Bot' aus Wales, bepackt mit Unheilsposten:
Die ärgste, daß der edle Mortimer,
Als er von Herefordshire auszog zum Kampf
Mit jenem wilden, trotzigen Glendower,
Dem Welschen in die rohen Hände fiel
Und tausend seines Volks geschlachtet wurden,
An deren todten Leibern solcher Frevel,
So schamlos viehische Entstellung ward
Von welschen Fraun verübt, daß ohne Scham
Sich's nicht erzählen noch besprechen läßt.

König Heinrich.

Die Nachricht dieses Kampfes unterbrach,
So scheint es, das Geschäft vom Heil'gen Lande?

Westmoreland.

Ja dies, gepaart mit ähnlichem, mein Fürst.
Denn rauher noch und unwillkommner kam
Botschaft vom Norden; und sie meldet so:
Am heil'gen Kreuztag traf der tapfre Heißsporn,
Der junge Heinrich Percy, dort auf Douglas,
Den allzeit streitbar'n und erprobten Schotten,
Bei Holmedon,
Wo's eine heiße, blut'ge Stunde gab,
Wie nach dem Donner der Artillerie
Und anderm Anschein der Bericht erzählt;
Der nämlich, der ihn brachte, stieg zu Pferd
Recht in der Hitz' und höchsten Wuth des Kampfes,
Unkundig des Erfolges ganz und gar.

König Heinrich.

Hier ist ein werther, treubeflißner Freund,

Sir Walter Blunt, der frisch vom Pferde steigt,
Besprißt mit jedem Unterschied des Bodens,
So zwischen Holmedon liegt und unserm Sitz;
Der bringt uns glatte und willkommne Botschaft:
Der Graf von Douglas ist aufs Haupt geschlagen;
Zehntausend kühne Schotten, zwanzig Ritter,
Im eignen Blut gestapelt, sah Sir Walter
Auf Holmedons Flur; Heißsporn's Gefangne sind
Mordake, Graf von Fife und ältster Sohn
Des überwundnen Douglas, und die Grafen
Von Athol, Murray, Angus und Menteith;
Und ist das nicht ein ehrenvoller Fang,
Ein wackrer Preis? He, Vetter, sagt doch selbst!

Westmoreland.

Fürwahr,
Solch eines Sieges dürft' ein Prinz sich rühmen!

König Heinrich.

Ja, da betrübst du mich und machst mich sünd'gen
Durch Neid, daß Lord Northumberland der Vater
Solch eines hochbegabten Sohnes ist, —
Ein Sohn, der stets der Ehre Thema ist,
In einem Wald der allerschlankste Stamm,
Des holden Glücks Liebling und Stolz zugleich;
Indeß ich sehn muß, neben seinem Ruhm,
Wie Schand' und Wüstheit meinem jungen Heinrich
Die Stirn befleckt. O, ließe sich's erweisen,
Daß, nächtlich spukend, eine Fee die Kinder
Hätt' ausgetauscht in ihren Wiegenbetten,
Meins Percy nennend, seins Plantagenet:
Dann hätt' ich seinen Heinrich, er den meinen.
Denk' ich nicht mehr an ihn! — Was sagt Ihr, Vetter
Zum Stolz des jungen Percy? Die Gefangnen,
Die er bei diesem Abenteu'r ergriff,
Behält er für sich selbst und läßt mir sagen,
Für mich sei keiner als der Graf von Fife.

Westmoreland.

Das ist des Oheims Lehre, das ist Worcester,
Euch feindlich unter jeglichem Aspect:
Der hat die Schuld, daß er sich spreizt und sträubt
Den Kamm der Jugend gegen Eure Würde.

König Heinrich.

Ich lud ihn aber vor zur Rechenschaft,
Und dieserhalb muß unser frommer Plan
Nach Palästina noch ein Weilchen ruhn.
Vetter, am nächsten Mittwoch halten wir
In Windsor unsern Rath: sagt das den Lords,
Kommt aber selbst sogleich zu uns zurück;
Es gibt noch mehr zu sagen und zu thun,
Als jetzt im Zorn beredet werden darf.

Westmoreland.

Sehr wohl, mein Fürst.

(Alle ab.)

Zweite Scene.

Ein anderes Zimmer im Palaste.

Prinz Heinrich und **Falstaff** (treten auf).

Falstaff.

Nun, Heinz, welche Zeit am Tage ist es, Junge?

Prinz Heinrich.

Du bist so dick und dumm geworden von Secttrinken, Westen=
aufknöpfen nach dem Abendessen und Schlafen nach Mittag auf den
Bänken, daß du vergessen. hast, das eigentlich zu fragen, was du
eigentlich wissen willst. Was Teufel hast du mit der Zeit am Tage
zu schaffen? Die Stunden müßten denn Gläser Sect sein und
Minuten Kapaunen, und Glocken Kupplerzungen, und Zifferblätter
Schilder vor liederlichen Häusern, und die liebe Sonne selbst
eine hübsche, hitzige Dirne in feuerfarbenem Tafft; sonst seh' ich den
Grund nicht, weshalb du so überflüssige Fragen nach der Zeit am
Tage thun solltest.

Falstaff.

Ja, da triffst du einen wunden Fleck, Heinz; denn wir, die
wir Geldbeutel wegnehmen, wir gehen bei Mond und Siebengestirn
aus, und nicht bei Phöbus, dem „irrenden Ritter sein". Und ich
bitte dich, Herzensjunge, wenn.du erst König bist, was Gott deiner
Gnaden — Majestät, sollt' ich sagen, denn Gottes Gnade wird dir
nicht zutheil werden.

Prinz Heinrich.

Was? Gar keine?

Falstaff.

Nein, bei meinem Wort! Nicht so viel, um eine Maus zu absolviren.

Prinz Heinrich.

Nun, was weiter? Heraus mit der Sprache!

Falstaff.

Also, Herzensjunge, wenn du König bist, dann gib nicht zu, daß man uns, die wir die Cavaliere der Nacht sind, Diebe des Tages nennt; lieber: Dianens Förster, Ritter der Dämmerung, Favoriten der Mondgöttin! Laß die Welt von uns sagen, daß wir wohlgezogene Männer sind; denn wir werden gezogen wie das Meer von unserer hohen und keuschen Gebieterin Frau Luna, unter deren Schutz wir stehlen.

Prinz Heinrich.

Sehr gut, und auch sehr richtig; denn unser Glück, die wir der Mondgöttin dienen, hat seine Ebbe und Flut wie das Meer, weil es wie das Meer vom Monde gelenkt wird. Zum Beispiel so: ein Beutel mit Gold wird Montag nachts sehr herzhaft erbeutet, und Dienstag morgens sehr scherzhaft durchgebracht; erobert mit Fluchen: „Halt!" und verzehrt mit Schreien: „Bring her!" Bald so niedrige Ebbe wie der Fuß der Leiter, bald so hohe Flut wie das Querholz des Galgens.

Falstaff.

Bei Gott, du hast recht, Junge. Und ist nicht unsre Frau Wirthin in der Schenke eine ganz süße Person?

Prinz Heinrich.

Wie der Honig von Hybla, mein alter Herr Schwabroneur. Und sind nicht hölzerne Latten ein recht süßes Ruhebett?

Falstaff.

Wie so, wie so, du toller Kobold? Hast du mal wieder deine Faxen und Quinten im Kopfe? Was zum Henker hab' ich mit hölzernen Latten zu thun?

Prinz Heinrich.

Was zum Büttel hab' ich mit unsrer Frau Wirthin von der Schenke zu schaffen?

Falstaff.

Na, du hast doch manches liebe mal mit ihr abgerechnet.

Prinz Heinrich.

Hab' ich dich je herzugerufen, um dein Theil zu bezahlen?

Falstaff.

Nein, die Gerechtigkeit muß ich dir widerfahren lassen: du hast da immer alles bezahlt.

Prinz Heinrich.

Ja, und anderswo auch, so weit mein Geld reichte; und wo es nicht reichte, hab' ich meinen Credit gebraucht.

Falstaff.

Ja, und ihn gänzlich verbraucht. Zum Glück sind deines Vaters Baarschätze so schätzbare — Aber sage mir, mein Herzensjunge, soll ein Galgen in England stehen bleiben, wenn du König bist? und soll die Herzhaftigkeit so, wie es jetzt geschieht, mit dem Kappzaum des alten Schalksnarren Gesetz gefoppt werden? Hänge du keinen Dieb, wenn du König bist!

Prinz Heinrich.

Nein, du sollst es thun.

Falstaff.

Ich? O herrlich! Bei Gott, ich werde kostbar Recht sprechen.

Prinz Heinrich.

Du sprichst schon Unrecht; ich meine, du sollst das Hängen der Diebe selbst thun, und so ein herrlicher Henker werden.

Falstaff.

Schön, Heinz, schön; und in gewisser Weise stimmt es auch zu meinem Humor, wenigstens ebenso gut wie bei Hofe aufwarten, das kann ich dir schwören.

Prinz Heinrich.

Wie? — aufwarten — als Bittsteller oder als Anhänger?

Falstaff.

Euer Anhänger ist der Henker auch; er hat viel für euch anzu= hängen. — Potz Blitz! Ich bin so melancholisch wie ein Murrkater, oder wie ein gezaufter Bär.

Prinz Heinrich.

Oder wie ein alter Löwe, oder die Laute eines Verliebten.

Falſtaff.

Ja, oder das Schnarren eines lincolner Dudelſacks.

Prinz Heinrich.

Was meinſt du zu einem Haſen? oder zu der Melancholie des
Stadtgrabens?

Falſtaff.

Du haſt die abſchmeckendſten Gleichniſſe von der Welt und biſt
wirklich der vergleichſamſte, ſpitzbübiſchſte, niedlichſte junge Prinz.
Aber ich bitte dich, Heinz, ſuche mich nicht mehr mit Eitelkeiten
heim. Ich wollte zu Gott, du und ich, wir wüßten, wo ein Vor=
rath guter Namen zu kaufen wäre. Ein alter Lord vom Geheimen
Rathe ſtellte mich neulich auf der Gaſſe Euretwegen zur Rede,
junger Herr; aber ich merkte nicht auf ihn. Und er redete doch gar
weiſe; aber ich achtete nicht auf ihn. Und doch ſprach er gar weiſe,
und obendrein auf der Gaſſe.

Prinz Heinrich.

Ganz in der Ordnung; denn die Weisheit läßt ſich hören in
den Gaſſen, und niemand achtet ihrer.

Falſtaff.

O, du haſt verdammenswerthe Citate und biſt wirklich im Stande,
einen Heiligen zu verführen. Du haſt viel an mir verſchuldet, Heinz;
Gott verzeih' es dir! Eh' ich von dir wußte, Heinz, wußte ich von
nichts, und jetzt bin ich, wenn ich die Wahrheit geſtehen ſoll,
wenig beſſer als einer von den Gottloſen. Ich muß dies
Leben aufgeben, und ich will's aufgeben. Bei Gott, wo ich's
nicht thue, bin ich ein Schurke: ich will nicht zur Hölle fahren, um
keinen Königsſohn in der Chriſtenheit.

Prinz Heinrich.

Wo ſollen wir morgen einen Geldbeutel rauben, Hans?

Falſtaff.

Wetter, wo du willſt, Junge; ich bin dabei. Wo ich's nicht
thue, ſo nenne mich Schurke und inſultire mich!

Prinz Heinrich.

Ich merke eine ſchöne Bekehrung an dir: vom Beten zum Beutel=
ſchneiden.

(Poins tritt im Hintergrunde auf.)

Falſtaff.

Ei, Heinz, 's iſt mein Beruf; in ſeinem Beruf zu arbeiten, iſt keine Sünde. — Poins! — Jetzt werden wir hören, ob Gadshill was eingeleitet hat. O, wenn die Menschen durch Verdienst selig würden, welches Loch in der Hölle wäre dann heiß genug für ihn? Er ist der überschwenglichste Spitzbube, der je einem ehrlichen Manne Halt zugerufen hat.

Prinz Heinrich.

Guten Morgen, Ede.

Poins.

Guten Morgen, Herzensheinz. — Was sagt Monsieur Remorse? Was sagt Sir John Zuckersect? Hans, wie verträgst du dich mit dem Teufel um deine Seele, die du ihm am letzten Charfreitag für ein Glas Madeira und eine kalte Kapaunenkeule verkauft hast?

Prinz Heinrich.

Sir John hält sein Wort: dem Teufel soll sein Recht werden; denn er hat noch nie ein Sprichwort gebrochen; er gibt selbst dem Teufel das Seinige.

Poins.

Dann bist du verdammt, weil du dem Teufel dein Wort hältst.

Prinz Heinrich.

Sonst wär' er verdammt worden, weil er den Teufel geprellt hätte.

Poins.

Aber, Jungen, Jungen, morgen früh um vier Uhr zeitig nach Gadshill! Es gehen Pilger nach Canterbury mit reichen Opfergaben, und Kaufleute reiten nach London mit gespickten Beuteln. Ich habe Masken für euch alle; Pferde für euch habt ihr selbst; Gadshill übernachtet in Rochester. Ich habe auf morgen Abendessen in Cast=cheap bestellt; wir können es so sicher thun wie schlafen. Wollt ihr mitgehen, so stopf' ich euch die Taschen voll Kronen; wollt ihr nicht mit, so bleibt daheim und laßt euch hängen.

Falstaff.

Hör', Eduardus; wenn ich zu Hause bleibe und nicht mitgehe, so hänge ich dich fürs Mitgehn.

Poins.

So, du Fleischkloß?

Falstaff.

Heinz, bist du dabei?

Prinz Heinrich.

Wer? Ich stehlen? Ich ein Spitzbube? Nein, wahrhaftig nicht.

Falftaff.

Es ift weder Redlichkeit, Mannhaftigkeit, noch gute Kamerabfchaft in dir; du bift auch nicht aus königlichem Geblüte, wenn du nicht einmal das Herz haft, ein paar Kronen einzuftecken.

Prinz Heinrich.

Nun gut, einmal in meinem Leben will ich einen tollen Streich machen.

Falftaff.

Na, das ift vernünftig gefprochen.

Prinz Heinrich.

Nein, komme was da will, ich bleibe zu Haus.

Falftaff.

Bei Gott, fo werde ich zum Hochverräther an dir, wenn du erft König bift.

Meinetwegen.

Prinz Heinrich.

Poins.

Sir John, ich bitte dich, laß den Prinzen und mich allein: ich will ihm folche Gründe für dies Unternehmen vorlegen, daß er mit-gehen foll.

Falftaff.

Gut, Gott gebe dir den Geift der Ueberredung und ihm die Ohren der Empfänglichkeit, damit das, was du redeft, rühre, und das, was er hört, Glauben finde, auf daß der echte Prinz, Zeit-vertreibs halber, ein falfcher Dieb werde! Denn die armen Mis-bräuche der Welt bedürfen der Protection! Lebt wohl! Ihr findet mich in Eaftcheap.

Prinz Heinrich.

Leb' wohl, Spätfrühling! Leb' wohl, Alterjungfernfommer!
(Falftaff ab.)

Poins.

Nun, mein befter zuckerfüßer Prinz, reitet morgen mit uns; ich hab' einen Spaß vor, den ich nicht allein zu Stande bringen kann. Falftaff, Bardolf, Peto und Gadshill follen diefe Leute ausrauben, denen wir fchon auflauern laffen; wir beiden wollen nicht dabei fein, und fobald fie die Beute haben, wenn wir beiden fie ihnen nicht abjagen, fo haut diefen Kopf von meinen Schultern.

Prinz Heinrich.

Aber wie machen wir uns von ihnen los beim Fortreiten?

Poins.

Nun, wir reiten vor oder nach ihnen und bestimmen ihnen einen Platz zum Stelldichein, den wir nach Belieben verfehlen können. Dann werden sie den Streich auf eigne Hand wagen; und kaum haben sie ihn ausgeführt, so fallen wir über sie her.

Prinz Heinrich.

Ja, aber wahrscheinlich werden sie uns erkennen, an unsern Pferden, unsern Kleidern, am ganzen Aufzuge.

Poins.

O, unsere Pferde sollen sie gar nicht sehen; die binde ich im Walde fest; unsere Masken wechseln wir, sobald wir sie verlassen haben, und dann habe ich Ueberzüge von Steifleinen zur Hand, um unsere bekannte auswendige Tracht zu verlarven.

Prinz Heinrich.

Ja, aber ich fürchte, sie werden uns zu stark sein.

Poins.

Pah, zwei von ihnen kenn' ich als die ausgemachtesten Memmen, die jemals kehrt gemacht haben; und der dritte, wenn er länger ficht, als ihm rathsam scheint, so will ich die Waffen verschwören. Das Beste bei diesem Spaß werden die unbegreiflichen Lügen sein, die uns dieser feiste Schelm erzählen wird, wenn wir abends bei Tische uns treffen: wie er sich mindestens gegen dreißig geschlagen, was für Paraden, für Stöße, für Lebensgefahren er bestanden; und daß er damit zu Schanden wird, das ist der Hauptspaß.

Prinz Heinrich.

Gut, ich will mit dir gehen; besorge uns alles Nöthige und triff mich morgen Abend in Eastcheap; ich will dort zu Nacht essen. Leb' wohl.

Poins.

Lebt wohl, gnädiger Herr.

(Ab.)

Prinz Heinrich.

Ich kenn' euch all' und unterstütz' ein Weilchen
Die ungezähmten Launen eurer Thorheit;
Doch will ich's hierin machen wie die Sonne,

Die niederm, schädlichem Gewölk erlaubt,
Ihr schönes Licht zu dämpfen vor der Welt,
Damit man sie vermiss' und mehr bewundre,
Sobald es ihr beliebt, sie selbst zu sein,
Wann sie durchbricht durch all den garst'gen Qualm
Der Dünste, die sie zu ersticken schienen.
Bestünd' ein ganzes Jahr aus Feiertagen,
So würde Spiel uns lästig sein wie Arbeit;
Wenn aber spärlich, kommen sie erwünscht,
Und nichts erfreut als das, was selten kommt.
So, wann ich diesen Leichtsinn von mir werfe
Und Schulden zahle, die ich nie versprach,
Je besser ich dann sein werd' als mein Wort,
Je besser straf' ich die Erwartung Lügen;
Und wie ein hell Metall auf dunklem Grund,
Wird meine Besserung, auf Fehlern leuchtend,
Sich schöner zeigen, mehr die Augen fesseln,
Als das, was keine Folie hebt hervor.
Ich will so sünd'gen, daß es Kunst erscheint,
Die Zeit einbringend, wann es niemand meint.
(Ab.)

Dritte Scene.

Ein anderes Zimmer im Palaste.

König Heinrich, Northumberland, Worcester, Heißsporn, Sir Walter Blunt und andere (treten auf).

König Heinrich.

Mein Blut war allzu kühl und zu gemäßigt,
Unfähig, aufzuwallen bei dem Schimpf:
Das habt ihr ausgefunden, denn ihr tretet
Auf meine Langmuth; aber glaubt es mir,
Ich will von Stund an mehr ich selber sein,
Mächtig und furchtbar, mehr als meine Art,
Die glatt wie Oel war, weich wie junger Flaum
Und darum jene Achtung hat verscherzt,
Die stolze Herzen nur dem Stolzen zollen.

Worcester.

Mein Lehnsherr, unser Haus verdient es kaum,
Daß Hoheit ihre Geisel übt an ihm,

Und Hoheit gar, die unsre eignen Hände
So stattlich machen halfen.

Northumberland.

Gnäd'ger Herr —

König Heinrich.

Worcester, mach' dich fort! Denn ich erkenne
Gefahr und Auflehnung in deinem Blick.
O, Eure Mienen sind zu dreist und herrisch,
Und Majestät hat niemals dulden dürfen
Das finstre Trotzen einer Dienerstirn.
Ihr seid beurlaubt: wenn wir Euch bedürfen
Zu Rath und Diensten, wollen wir Euch rufen.

(Worcester ab.)

Ihr wolltet reden.

Northumberland.

Ja, mein theurer Fürst.

Die Kriegsgefangnen, die Ihr fordern ließet,
Die Heinrich Percy hier bei Holmedon machte,
Sie wurden, sagt er, nicht so rund verweigert,
Wie Eurer Majestät berichtet ward.
Neid also oder Mißverständniß ist
An diesem Fehler schuld, und nicht mein Sohn.

Heißsporn.

Mein Fürst, ich hab' Gefangne nicht verweigert,
Doch ich entsinn' mich, als die Schlacht vorbei war,
Als ich erhitzt von Wuth und Anstrengung,
Matt, athemlos, mich stützte auf mein Schwert,
Kam so ein Herr, gar nett und fein geputzt,
Frisch wie ein Bräutigam, sein Kinn gemäht,
Glatt wie ein Stoppelfeld zur Erntezeit;
Er war bebalsamt wie ein Modekrämer,
Und zwischen seinem Daum und Finger hielt er
Ein Bisambüchschen, das er seiner Nase
Umschichtig reicht' und wiederum entzog,
Die, zornig drüber, wann's ihr nahe kam,
Es anschnob; und er lächelt' und er schwätzte,
Und als das Kriegsvolk Leichen trug vorbei,
Schalt er sie grobe Schlingel, unmanierlich,
Daß sie 'ne ruppige, unfeine Leiche
Zwischen den Wind und seinen Adel brächten.
Mit vielen Feiertags= und Fräuleinsphrasen
Fragt' er mich aus und fordert' unter anderm

Für Eure Majeſtät die Kriegsgefangnen.
Ich, außer mir, mit meinen kalten Wunden,
Daß ſolch ein Papagai mich peinigte,
In meinem Aerger und voll Ungeduld
Antwortete ſo hin, ich weiß nicht was:
Er ſollte, oder nicht — denn er machte mich toll,
Daß er ſo blank ausſah und roch ſo ſüß,
Und dann ſo ſchwaßte wie ein Hoffräulein
Von Kugeln, Trommeln, Wunden, helf' mir Gott!
Und ſagte mir, für innre Schäden komme
Nichts auf der Welt dem Spermaceti gleich,
Und jammerſchade ſei's, das ſei es, ja,
Daß man den ſchändlichen Salpeter grabe
Aus der harmloſen Erde Eingeweiden,
Der manchen ſchlanken Kerl feig umgebracht;
Und wär'n die garſtigen Kanonen nicht,
So würd' er ſelbſt Soldat geworden ſein.
Auf dies verrückte ſeichte Plappern, Herr,
Antwortet' ich nur flüchtig, wie geſagt;
Und nun erſuch' ich Euch, laßt dieſe Meldung
Nicht ſtehn als Klage zwiſchen meiner Liebe
Und Eurer königlichen Majeſtät!

Blunt.

Den Hergang wohl erwogen, lieber Herr:
Was Heinrich Percy damals auch geſagt hat
Zu ſolcherlei Perſon, an ſolchem Ort,
Zu ſolcher Zeit, ſammt allem ſonſt Erzählten —
Mag füglich ſterben und nie auferſtehn,
Um ihm zu ſchaden, oder vorzurücken,
Was er geſagt, wenn er's nun widerruft.

König Heinrich.

Ei, er verweigert die Gefangnen noch,
Es ſei denn unter Vorbehalt und Klauſel,
Daß wir auf unſre Koſten ſeinen Schwager
Auslöſen, den verrückten Mortimer,
Der doch, bei meiner Seele, recht mit Fleiß
Der Seinen Leben preisgab in dem Kampf
Mit dem verfluchten Zauberer Glendower,
Mit deſſen Tochter, wie es heißt, Graf March
Sich jüngſt vermählt hat. Sollen unſre Kiſten
Sich leeren, um Verräther heimzukaufen?
Soll ich noch zahlen für Verrath, pactiren

Mit Narren, wenn sie selber sich verspielt?
Nein, mag er hungern auf den kahlen Bergen!
Denn nimmer halt' ich den für meinen Freund,
Der mich um einen Pfennig Kosten bittet
Zum Freikauf des rebellischen Mortimer.

Heißsporn.

Rebellischen Mortimer?
Er fiel von Euch nie ab, mein Oberherr,
Als durch das Kriegsglück: das Euch zu beweisen,
Braucht's e i n e r Zunge nur für all die Wunden,
Beredte Wunden, die er kühn empfing,
Als an des schönen Severn binsgem Ufer
Im einzelnen Gefecht Arm gegen Arm
Er einer Stunde besten Theil verbrauchte,
Sich messend mit dem mächtigen Glendower.
Dreimal verschnauften, dreimal tranken sie
Nach Athred' aus des raschen Severn Flut,
Der dann, erschreckt von ihren blut'gen Blicken,
Bang in sein zitternd Röhricht sich verkroch
Und barg sein krauses Haupt im hohlen Ufer,
Von diesen tapfern Degen blutbefleckt.
Gemeine faule Politik hat nie
Mit Todeswunden so ihr Werk gefärbt;
Auch hätte nie der edle Mortimer
So viel' empfangen können und mit Fleiß:
Drum werb' er nicht verleumdet als Rebell!

König Heinrich.

Percy, du lügst für ihn, du lügst für ihn!
Er hat sich nie gemessen mit Glendower.
Ich sage dir,
Er träfe just so gern Satan allein
Wie Owen Glendower als Gegner im Gefecht.
Schämst du dich nicht? Jetzt aber, daß ich nie
Euch wieder sprechen hör' von Mortimer!
Schickt die Gefangnen mir, so rasch Ihr könnt,
Sonst sollt Ihr von mir hören dergestalt,
Daß es Euch schlecht behagt. — Mylord Northumberland,
Es steht Euch frei, mit Eurem Sohn zu gehn. —
Schickt die Gefangnen, sonst hört Ihr von uns!
(König Heinrich, Blunt und Gefolge ab.)

Heißsporn.

Und wenn der Teufel kommt und brüllt nach ihnen,

Ich schicke sie ihm nicht. Ich will ihm nach
Und sag' es ihm; das wird mein Herz erleichtern,
Und setzt' ich auch den Kopf dabei auf's Spiel.

Northumberland.

Was? Ganz berauscht von Galle? Wart' ein Weilchen!
Da kommt bein Oheim.

(Worcester kommt zurück.)

Heißsporn.

Sprechen von Mortimer?
Blitz! Ich will von ihm sprechen, und ich will
Nicht selig werden, wenn ich ihm nicht beisteh'!
Für ihn will ich all diese Adern leeren,
Mein Herzblut fließe tropfenweis' in Staub,
Doch heben will ich den zertretnen Schwager
So hoch empor wie diesen falschen König,
Den undankbaren gift'gen Bolingbroke!

Northumberland.

Bruder, der König hat ihn toll gemacht.

Worcester.

Wer schürte diese Hitze, seit ich ging?

Heißsporn.

Er will wahrhaftig sämmtliche Gefangne!
Und als ich nochmals auf den Freikauf drang
Für meiner Frauen Bruder, warb er blaß
Und warf mir einen Blick zu wie der Tod,
Schon zitternd blos beim Namen Mortimer.

Worcester.

Ich kann's ihm nicht verübeln: hat nicht Richard,
Der todt ist, ihn zum Erben proclamirt?

Northumberland.

Ich hörte selbst die Proclamation;
Und damals war es, als der arme König —
An welchem unsre Sünd' uns Gott verzeih'! —
Nach Irland auf den Feldzug sich begab,
Von wo er, abgerufen, wiederkam,
Um abgesetzt zu werden, dann ermordet.

König Heinrich der Vierte. Erster Theil. 2

Worcester.

Um dessen Tod der laute Mund der Welt
Uns lästert und mit Abscheu von uns spricht.

Heißsporn.

Still doch! Ich bitt' Euch, setzte König Richard
Da meinen Bruder Edmund Mortimer
Zum Erben seines Throns ein?

Northumberland.

Ja, ich hört' es selbst.

Heißsporn.

Dann ist sein Vetter König nicht zu tadeln,
Der gern ihn hungern säh' auf kahlen Bergen.
Wie aber? Ihr, die ihr das Diadem
Dem Undankbaren habt aufs Haupt gesetzt
Und seinethalb den bösen Schandfleck tragt
Der Anstiftung zum Morde, wollet ihr
Euch einer Welt von Flüchen unterwerfen
Als Helfer oder als gemeines Werkzeug,
Als Strick und Leiter, oder Henker gar?
Verzeiht, daß ich so tief hinuntersteige,
Um euch zu zeigen, welchen Platz und Rang
Ihr einnehmt unter diesem schlauen König.
Soll man, o Schmach! in diesen Tagen sagen,
Soll's in Annalen künft'ger Zeiten stehn,
Daß Männer eures Adels, eurer Macht
In schlechter Sache sich verpflichteten —
Wie ihr es beide, Gott verzeih's! gethan —,
Richard, die holde Rose, auszuraufen
Und diesen Hundsdorn Bolingbroke zu pflanzen?
Und soll, zu größrer Schmach, man ferner sagen,
Daß er, für den ihr diese Schmach ertrugt,
Euch wegstieß, närrt' und von sich schüttelte?
Nein, noch ist Zeit, um die verbannte Ehre
Zurückzulösen und euch herzustellen
Rein in der guten Meinung dieser Welt,
Zu rächen den vermessnen Uebermuth
Des stolzen Königs, der bei Tag und Nacht
Nur seine Schuld an euch zu tilgen sinnt,
Und wär' es mit dem Blutgeld eures Todes.
So sag' ich denn —

Worcester.

Still, Vetter, sagt nichts mehr!
Und jetzt will ich ein heimlich Buch Euch öffnen
Und Eurem schnell begreifenden Verdruß
Ein Thema lesen, tief und hochgefährlich,
Halsbrechend, so voll Abenteuermuth,
Wie über einen Strom, der tobend brüllt,
Auf schwankem Fußsteig eines Speers zu schreiten.

Heißsporn.

Fällt er hinein: Gut' Nacht! sink oder schwimm!
Schickt die Gefahr vom Osten bis zum Westen,
Wenn Ehre nur sie kreuzt von Süd nach Nord,
Und laßt sie ringen! O, das Blut wallt mehr
Beim Löwenhetzen als beim Hasenjagen.

Northumberland.

Das Traumbild irgendeiner großen That
Reißt aus den Schranken der Geduld ihn fort.

Heißsporn.

Bei Gott! mich dünkt, es wär' ein leichter Sprung,
Die lichte Ehr' vom blassen Monde reißen,
Oder sich tauchen auf den Grund der See,
Wo nie das Senkblei bis zum Boden reichte,
Und die ertränkte Ehr' am Schopf heraufziehn,
Wenn er, der sie erlöst, all' ihre Würden
Dann ohne Nebenbuhler tragen darf;
Doch diese Halbpart=Kameradschaft — pfui!

Worcester.

Er sieht nur eine Welt von Phantasien
Und nicht die Form von dem, was vor uns liegt. —
Schenkt mir ein Weilchen Achtung, werther Vetter,
Und hört mir zu!

Heißsporn.

Verzeiht mir!

Worcester.

Die besagten edlen Schotten,
Die Ihr gefangen —

Heißsporn.

Ich behalt' sie alle.
Bei Gott! er soll nicht Einen Schotten haben,

Und könnt' ein Schott' ihn selig machen, nein!
Niemals! bei dieser Hand!

Worcester.
Ihr geht ja durch
Und leihet meinem Vorschlag kein Gehör.
Ihr sollt die Kriegsgefangnen ja behalten.

Heißsporn.
Ich will's auch, das steht fest.
Er sagt', er löse nicht den Mortimer?
Verbot zu reden mir von Mortimer?
O, ich besuch' ihn, wann er liegt und schläft,
Und schrei' ihm in die Ohren „Mortimer!"
Ja, ich kauf' mir einen Staar und lehr' ihn sprechen
Gar nichts als „Mortimer", und geb' ihm den,
Um seinen Zorn im Gang zu halten.

Worcester.
Hört doch, Vetter, ein Wort!

Heißsporn.
Hier schwör' ich allen Studien förmlich ab,
Als diesen Bolingbroke aufs Blut zu zwacken;
Und jenem Schwadronirer Prinz von Wales,
Dächt' ich nicht, daß sein Vater ihn nicht liebt
Und gerne säh', wenn er zu Schaden käme,
Ich gäb' ihm Gift in einem Kruge Bier.

Worcester.
Neffe, lebt wohl; ich werde mit Euch reden,
Wann Ihr zum Hören aufgelegter seid.

Northumberland.
Du wespenzüngiger, ungeduld'ger Thor,
Daß du in diese Weibermuth verfällst
Und bindst dein Ohr an keine Zung' als deine!

Heißsporn.
Ja seht, mir ist's wie Ruthenstreich' und Peitschen,
Ameisenstich' und Nesseln, wann ich höre
Von diesem schuft'gen Staatsmann Bolingbroke.
Zu Richard's Zeit — wie nennt ihr doch den Ort? —
Der Teufel hol's! — er liegt in Glostershire —
Der tolle Herzog hauste dort, sein Oheim,

Sein Oheim York —, wo ich zuerst mein Knie
Vor diesem Könige des Lächelns bog,
Vor diesem Bolingbroke —
Gotts Tod! —
Als ihr und er von Ravensburg zurückkamt.

Schloß Berkley.

Northumberland.

Heißsporn.

Richtig, ja!
Ei, welche Zuckermasse art'ger Reden
Bot mir der wedelnde Windhund damals an:
„Wann sein unmündig Glück zu Jahren käme",
Und: „werther Heinrich Percy", und: „mein Theurer!"
O zum Teufel solch Betheuern! Gott verzeih' mir! —
Oheim sagt Euren Spruch; denn ich bin fertig.

Worcester.

Nein, wenn Ihr's noch nicht seid, nur frisch drauf los!
Wir können warten.

Heißsporn.

Wirklich, ich bin fertig.

Worcester.

Dann nochmals zu den schottischen Gefangnen!
Gebt sie sofort frei ohn' ihr Lösegeld,
Und macht des Douglas Sohn zum besten Mittel
Für Werbungen in Schottland, was aus Gründen,
Die ich Euch schriftlich sende, glaubt es mir,
Euch leicht bewilligt werden wird. (Zu Northumberland.) Mylord,
Wenn Euer Sohn in Schottland dies betreibt,
Soll er sich heimlich nisten in das Herz
Des allbeliebten würdigen Prälaten,
Des Erzbischofs.

Heißsporn.

Von York, nicht wahr?

Worcester.

Ja; der empfindet schwer
Des Bruders Tod zu Bristol, des Lord Scroop.
Ich spreche dies nicht nach Vermuthung blos,
Wie es mir möglich scheint; nein, wie ich weiß,
Daß es entworfen ist, bedacht, beschlossen

Und nur drauf wartet, das Gesicht zu sehn
Der günst'gen Stunde, die es reifen soll.

Heißsporn.

Ich wittre schon:
Bei meiner Seel', es wird vortrefflich gehn!

Northumberland.

Du koppelst los, bevor das Wild sich rührt.

Heißsporn.

Ei, dieser Anschlag kann nur glorreich sein.
Und dann die Macht von Schottland und von York,
Vereint mit Mortimer, he?

Worcester.

So soll es sein.

Heißsporn.

Fürwahr, es ist vortrefflich ausgedacht.

Worcester.

Und kein geringer Grund gebeut uns Eile:
Dem Schwerte zu entgehn, ziehn wir das Schwert;
Denn halten wir uns noch so tadellos,
Der König glaubt sich stets in unsrer Schuld
Und glaubt, daß wir uns unbefriedigt glauben,
Bis er die Zeit ersieht, uns recht zu zahlen.
Und seht, er fängt schon an, er macht uns schon
Zu Fremdlingen vor seinen Gnadenblicken.

Heißsporn.

Er thut's, er thut's! Wir wollen Rache nehmen!

Worcester.

Vetter, lebt wohl! Nicht weiter geht hierin,
Als ich den Weg durch Brief' Euch zeigen werde.
Sobald die Zeit reif ist — und das ist bald —,
Schleich' ich mich zu Glendower und Mortimer,
Wo Douglas, Ihr und unsre ganze Macht
Sich glücklich treffen soll nach meiner Lenkung,
Um unser Glück, statt ungewiß wie jetzt,
Mit unsern eignen Armen stark zu tragen.

Northumberland.

Lebt wohl, mein Bruder, und ich hoff', es glückt.

Heißsporn.

Oheim, Adieu! Flieg Zeit, bis Kampf und Krachen
Und Röcheln die Musik zum Tanze machen!

(Alle ab.)

Zweiter Aufzug.

Erste Scene.

Rochester.   Der Hof einer Herberge.

Ein Kärrner kommt mit einer Laterne.

Erster Kärrner.

Heda ho! Wenn's nicht schonst vier an der Uhr ist, will ich mich hängen lassen. Der große Bär steht über dem neuen Schornstein, und noch ist unser Pferd nicht gepackt. He, Stallknecht!

Stallknecht (drinnen).

Gleich, gleich!

Erster Kärrner.

Du, Thoms, klopf doch Stutzschwanz seinen Sattel zurecht, steck ein bissel Werch untern Knopf, das arme Vieh hat sich am Widerrist gedruckt wie nix Guts.

(Ein anderer Kärrner kommt.)

Zweiter Kärrner.

Erbsen und Bohnen sind hier so mulstrig wie die Schwerenoth, und das ist die rechte Manier, daß so'n armes Luder die Würmer kriegt. Dies Haus ist um und umgekehrt, seit der alte Rupert todt ist.

Erster Kärrner.

Der arme Kerl! hatte keinen guten Tag mehr, seit der Hafer aufschlug: es war sein Tod.

Zweiter Kärrner.

Ich glaube, dies ist das niederträchtigste Haus auf der ganzen Straße nach London mit Flöhen. Ich bin so bunt gestochen wie 'ne Schleie.

Erster Kärrner.

Wie 'ne Schleie? Sapperment, kein König in der Christen-heit kann's besser verlangen, als ich zerbissen bin, seit die Hähne zuerst krähten.

Zweiter Kärrner.

Ja, sie wollen uns niemals keinen Nachttopf gönnen, und da seichen wir in den Kamin, und so 'ne Kammerlauge, die heckt euch Flöhe wie 'ne Schmerle.

Erster Kärrner.

He, Stallknecht, komm heraus und scher' dich an den Galgen Komm heraus!

Zweiter Kärrner.

Ich hab 'ne Speckseite und zwei Packen Ingwer, die ich ganz nach Charingcroß abliefern soll.

Erster Kärrner.

Himmeldonnerwetter! Die Truthähne in meinem Korbe sind ganz verhungert. — He, Stallknecht! daß dich die Schwerenoth! Haste keine Augen im Kopf? Kannste nicht hören? Dir den Schädel einzuschlagen, wäre so verdienstlich wie Trinken, sonst will ich ein Hundsfott sein. Komm und laß dich hängen! Haste keine Reli-gion in dir?

Gadshill (kommt).

Guten Morgen, Leute; was ist die Glocke?

Erster Kärrner.

Ich sollte meinen, zwei.

Gadshill.

Leih mir doch deine Laterne, nach meinem Wallach im Stall zu sehen.

Erster Kärrner.

Nä, sachte Freundchen! Ich kenne Kniffe, die noch mal so gut sind wie der, mein Seel'!

Gadshill.

Dann leih mir deine, bitte.

Zweiter Kärrner.

Ja, wannehr? das rathe mal! Leih mir deine Laterne! Ei ja doch, ich will dich eher am Galgen sehen.

Gadshill.

Du, Kärrner, um welche Zeit denkt ihr in London zu sein?

Zweiter Kärrner.

Zeit genug, um bei Licht zu Bett zu gehen, das kann ich dir sagen. — Komm, Gevatter Hannes, wir wollen die Herren wecken: sie wollen in Gesellschaft weiter, denn sie haben groß Gepäck.

(Die Kärrner ab.)

Gadshill.

Heda! Hausknecht!

Hausknecht (drinnen).

Immer bei der Hand, sagt der Beutelschneider.

Gadshill.

Da kannst du just so gut sagen: „sagt der Hausknecht", denn du bist vom Beutelschneiden nicht weiter ab als Anweisung geben vom Arbeiten: du zettelst die Geschichte an.

(Der Hausknecht kommt.)

Hausknecht.

Guten Morgen, Meister Gadshill. Es bleibt so richtig, was ich Euch gestern Abend sagte: 's ist ein Hofbesitzer aus Wüst-Kent, der hat dreihundert Mark in Golde bei sich. Ich hab's gehört, wie er's einem von der Gesellschaft gesagt hat, gestern beim Abend-essen, so 'ner Art Rentmeister, der auch 'ne Masse Gepäck bei sich hat, Gott weiß was. Sie sind schon auf und verlangen geröstete Eier; sie wollen gleich fort.

Gadshill.

Na, wenn die nicht Sanct-Niklas seinen Gesellen begegnen, so laß' ich dir diesen Hals.

Hausknecht.

Nä, ich mag ihn nicht; verwahr' ihn für den Henker, denn ich weiß, du dienst Sanct-Niklassen so redlich, wie ein Spitzbube nur kann.

Gadshill.

Was sprichst du mir vom Henker? Wenn ich mal hänge, dann mach' ich gleich ein paar Galgen fett; denn wenn ich hänge, hängt der alte Sir John mit mir, und du weißt, der ist kein Hunger-leider. Pah! es gibt noch andere Trojaner, wovon du dir nichts träumen läßt, die spaßeshalber sich herablassen, dem Handwerk eine Ehre anzuthun: die würden, wenn man uns mal auf die Finger guckte, um ihres eignen Credits willen, alles ins Gleiche bringen. Ich halte mich nicht zu Landstreichern zu Fuß, zu arm= seligen Buschkleppern, nicht zu solchen hirnverbrannten, kupferbärti= gen Biersöffeln, sondern zum Adelstand und Wohlstand, Burge= meistern und Habewassen, Leuten, die den Mund zu halten verstehn, Leuten, die lieber schlagen als sprechen, lieber sprechen als trinken, und lieber trinken als beten. Doch nein, da lüg' ich: das Gemein= wesen nehmen sie gehörig ins Gebet; das ist der Heilige, den sie verehren, oder richtiger verheeren; denn sie reiten auf ihm herum und schneiden Leder draus für ihre Stiefel.

Hausknecht.

Was? Stiefel aus dem Gemeinwesen? Hält das denn auch dicht auf schlimmen Wegen?

Gadshill.

Gewiß, gewiß; sie schmieren an der rechten Stelle. Wir stehlen wie in einer Festung, sicher vor dem Schuß; wir besitzen das Recept vom Farrnsamen: wir gehen unsichtbar um.

Hausknecht.

Na, mein Seel', ich meine, das dankt ihr mehr der Nacht als dem Farrnsamen, wenn ihr unsichtbar umgeht.

Gadshill.

Gib mir die Hand: du sollst dein Theil von unserm Geschäft abhaben, so wahr ich ein ehrlicher Mann bin.

Hausknecht.

Gib mir's lieber, so wahr du ein Spitzbube bist.

Gadshill.

Ei was, homo ist der gemeine Name für alle Menschen. Sag' dem Stallknecht, er soll meinen Wallach aus dem Stall holen. Leb' wohl, du dämlicher Halunke.

(Beide ab.)

Zweite Scene.
Die Landstraße bei Gadshill.

Prinz Heinrich und **Poins** (treten auf), **Bardolf** und **Peto** (in einiger Entfernung).

Poins.

Komm, tritt unter, tritt unter! Ich habe Falstaff's Pferd beseitigt, und er knarrt wie gesteifter Sammet.

Prinz Heinrich.

Versteck' dich!

Falstaff (tritt auf).

Poins! Poins und die Schwerenoth! Poins!

Prinz Heinrich.

Halt's Maul, du gemästeter Schuft! Was für ein Gebrüll verführst du!

Falstaff.

Heinz, wo ist Poins?

Prinz Heinrich.

Er ist oben auf den Hügel hinaufgegangen; ich will ihn suchen. (Er stellt sich, als ob er Poins suche.)

Falstaff.

Der Teufel reitet mich, daß ich in Gesellschaft dieses Spitzbuben raube; der Schuft hat mein Pferd weggeschafft und es angebunden, ich weiß nicht wo. Marschir' ich noch vier Fuß nach Ellenmaß weiter zu Fuß, so werd' ich platzen. Nun, ich zweifle nicht, daß ich eines ordentlichen Todes trotz alledem sterben werde, wenn ich nicht gehängt werde, weil ich den Schuft umbringe. Ich habe nun seit zweiundzwanzig Jahren stündlich und allzeit seine Gesellschaft verschworen, und doch bin ich mit des Schuftes Gesellschaft behext. Wenn der Halunke mir nicht Tränke eingegeben hat, daß ich ihn lieben muß, so laß' ich mich hängen! Es kann nicht anders sein, ich habe Tränke eingekriegt. — Poins! — Heinz! — Hol' euch die Pest alle beide! — Bardolf! — Peto! — Ich will verhungern, ehe ich einen Schritt weiter raube. Wenn es nicht so verdienstlich wie Trinken ist, ein ehrlicher Kerl zu werden und diese Schufte zu verlassen, so bin ich der ärgste Lump, der je mit Zähnen gekaut hat. Zwölf Ellen unebner Boden sind für mich zu marschiren ein Dutzend

Meilen und darüber, und die hartherzigen Bösewichter wissen das
gut genug. Hol's der Teufel, wenn Diebe unter sich nicht ehrlich
sein können! (Sie pfeifen.) Wüh! Hol' euch alle die Pest! Gebt mir
mein Pferd, ihr Schelme! Gebt mir mein Pferd und laßt euch hängen!

Prinz Heinrich.

Still, du Dickwanst! Leg' dich nieder! Leg' dein Ohr dicht an
die Erde und horch', ob du nicht Tritte von Reisenden hörst.

Falstaff.

Habt ihr Hebebäume, mich wieder aufzurichten, wenn ich einmal
liege? Alle Wetter, ich will mein eigen Fleisch nicht noch einmal
so weit zu Fuß schleppen, nicht um alles Geld in deines Vaters
Schatzkammer. Was Teufel fällt euch ein, mich so zu ängstigen?

Prinz Heinrich.

Du lügst; du bist nicht beängstigt, sondern enthengstigt.

Falstaff.

Ich bitte dich, guter Prinz Heinz, verhilf mir zu meinem Pferde,
lieber Königssohn!

Prinz Heinrich.

Pfui, du Schelm! Soll ich dein Stallknecht sein?

Falstaff.

Geh mir, häng dich an deinen eignen kronprinzlichen Strumpf=
bändern auf! Wenn sie mich kriegen, so werd' ich dafür zum An=
geber. Wo ich's nicht dahin bringe, daß sie auf euch alle Gassen=
lieder machen und zu niederträchtigen Melodien absingen, dann soll
ein Glas Sect Gift für mich sein. Wenn ein Spaß so weit ge=
trieben wird, und vollends zu Fuße, das hass' ich.
Steh!

Gadshill (tritt auf.)

Falstaff.

Das thu' ich, gegen meinen Willen.

Poins.

O, es ist unser Kundschafter; ich kenne seine Stimme.

(Bardolf kommt).

Bardolf.

Was ist los?

Gadshill.

Verlarvt euch! Die Masken vor! Da kommt Geld des Königs
den Berg herab; es geht in des Königs Schatzkammer.

Falſtaff.

Du lügſt, Schuft: es geht in des Königs Schenke.

Gadshill.

Es iſt ſo viel, es hilft uns allen —

Falſtaff.

An den Galgen.

Prinz Heinrich.

Hört! Ihr viere ſollt ſie in dem Hohlwege angreifen; Poins und ich wir gehen weiter hinunter; wenn ſie eurem Anfall entgehen, ſo ſtoßen ſie auf uns.

Peto.

Wie viel mögen ihrer wohl ſein?

Gadshill.

Ein Stücker acht bis zehn.

Falſtaff.

Wetter! Werden ſie nicht uns ausrauben?

Prinz Heinrich.

Was? Eine Memme, Sir John Schmerbauch?

Falſtaff.

Freilich, John von Gent, Euer Großvater, bin ich nicht, aber doch keine Memme, Heinz.

Prinz Heinrich.

Nun, das wird die Probe lehren.

Poins.

Du, Freund Hans, dein Pferd ſteht hinter der Hecke; wenn du es brauchſt, da findeſt du's. Leb' wohl und halt' dich gut.

Falſtaff.

Nun kann ich ihn doch nicht prügeln, und wenn's mir ans Leben ginge.

Prinz Heinrich.

Ede, wo ſind unſere Verkleidungen?

Poins.

Hier, dichte bei; versteckt Euch.

(Prinz Heinrich und Poins ab.)

Falstaff.

Nun, ihr Herren, frisch gewagt ist halb gewonnen! sag' ich; ein jeder an sein Geschäft.

(Reisende treten auf.)

Erster Reisender.

Kommt, Nachbar; der Junge soll die Pferde den Berg hinunter=
führen; wir wollen ein Weilchen gehen und uns die Füße vertreten.

Die Räuber.

Halt!

Die Reisenden.

Gott steh' uns bei!

Falstaff.

Schlagt zu! Nieder mit ihnen! Schneidet den Halunken den
Hals ab! O das lausige Schmarotzerpack! Die Speckfresser! Sie
hassen uns junges Volk. Nieder mit ihnen! Rupft sie!

Erster Reisender.

Ach, wir sind ruinirt! Ruinirt mit Kind und Kindeskind!

Falstaff.

Laßt euch aufhängen, ihr schmerbäuchigen Schufte! Ihr ruinirt?
Nein, ihr fetten Hamster! Ich wollte, ihr hättet eure Vorräthe hier.
Vorwärts, ihr Schweinebraten, vorwärts! Ei was, ihr Halunken,
junge Leute wollen auch leben. Ihr seid Herren Geschworene, nicht
wahr? Wartet, wir wollen euch beschwören.

(Falstaff und die übrigen treiben die Reisenden vor sich her. Alle ab. Prinz
Heinrich und Poins kommen verkleidet zurück.)

Prinz Heinrich.

Die Diebe haben die ehrlichen Leute gebunden; könnten wir bei=
den nun die Diebe berauben und lustig gen London ziehen, das
gäbe Unterhaltung für eine Woche, Gelächter für einen Monat und
einen guten Spaß für immer.

Poins.

Versteckt Euch, ich höre sie kommen.

(Die Räuber kommen zurück.)

Falſtaff.

Kommt, ihr Herren, laßt uns theilen; und dann zu Pferde, eh'
es Tag wird! Wenn der Prinz und Poins nicht zwei Erzmemmen
find, ſo gibt's keine Gerechtigkeit mehr auf Erden; dieſer Poins
hat nicht mehr Tapferkeit im Leibe als eine wilde Ente.

Prinz Heinrich (hervorſtürzend).

Euer Geld!

Poins.

Halunken!

(Während ſie den Raub theilen, fallen der Prinz und Poins über ſie her. Sie
laufen alle fort, und Falſtaff nach einigen Stößen ebenſo, die Beute im Stiche
laſſend.)

Prinz Heinrich.

Gar leicht erobert! Nun geſchwind zu Pferd!
Die Räuber ſind zerſprengt und ſo beſeſſen
Von Furcht, daß ſie nicht wagen ſich zu ſammeln;
Ein jeder ſieht in ſeinen Freunden Häſcher.
Komm, lieber Ede! Falſtaff ſchwitzt ſich todt
Und ſpickt die magre Erde, wo er geht:
Wär's nicht zum Lachen, würd' ich ihn bedauern.

Poins.

Wie der Schuft brüllte!

(Beide ab.)

Dritte Scene.

Warkworth. Zimmer in der Burg.

Heißſporn (tritt auf, einen Brief leſend).

„Bloß für meinen Theil, Mylord, könnt' ich's wohl zufrieden
ſein, wenn ich dort wäre, in Betracht der Liebe, ſo ich zu Eurem
Hauſe hege." — Er könnte wohl zufrieden ſein? Warum iſt er's
denn nicht? In Betracht der Liebe, ſo er zu unſerm Hauſe hegt?
Er beweiſt hierin, daß er ſeine eigene Scheune lieber hat als unſer
Haus. Laßt doch weiter ſehen. „Das Unternehmen, ſo ihr vorhabt,
iſt gefährlich." Ei, das iſt gewiß: es iſt gefährlich, den Schnupfen
zu kriegen, zu ſchlafen, zu trinken; aber ich ſage Euch, Mylord
Narr, aus dieſer Neſſel Gefahr pflücken wir die Blume Sicherheit.
„Das Unternehmen, ſo ihr vorhabt, iſt gefährlich; die Freunde,
ſo ihr benennt, ungewiß; die Zeit ſelbſt übel gewählt; und Euer
ganzer Anſchlag zu leicht für das Gegengewicht eines ſo großen

Widerstandes." — Meint Ihr? Meint Ihr? So meine ich wiederum,
Ihr seid ein alberner feiger Bauernknecht, und Ihr lügt. Was ist
das für ein Strohkopf! Bei Gott, unser Anschlag ist so gut, wie
je ein Anschlag eingefädelt ward; unsere Freunde treu und standhaft;
ein guter Anschlag, gute Freunde, und vielversprechend! Ein vor=
trefflicher Anschlag und sehr gute Freunde! Was hat der Schuft für
ein frostig Herz im Leibe! Was? Mylord von York billigt den An=
schlag und gesammten Verlauf der Sache. Blitz! Wenn ich jetzt bei
dem Schurken wäre, ich könnt' ihm mit seiner Frauen Fächer den
Kopf einschlagen. Ist nicht mein Vater dabei, und mein Oheim, und
ich selbst? Lord Edmund Mortimer, Mylord von York, und Owen
Glendower? Ist nicht auch noch der Douglas dabei? Hab' ich nicht
ihrer aller Briefe, daß sie bewaffnet zu mir stoßen am neunten
nächsten Monats? Und sind sie nicht, einige von ihnen, schon aus=
gerückt? Was für ein ungläubiger Schurke ist das! ein wahrer Heide!
Ha, ihr sollt sehen, in der rechten Aufrichtigkeit der Angst und
Kleinmüthigkeit wird er zum König gehen und dem alle unsere An=
stalten offenbaren. O, ich könnte mich zertheilen und mich ohrfeigen,
daß ich einen solchen Topf voll Schlippermilch zu einem so rühmlichen
Werke habe bewegen wollen! Zum Henker mit ihm; er mag's dem
König sagen; wir sind gerüstet. Ich will heut' Abend aufbrechen.

(Lady Percy tritt auf.)

Wie geht's, Käthe? Ich muß Euch in zwei Stunden verlassen.

Lady Percy.

Mein lieber Herr, was seid Ihr so allein?
Um welche Schuld bin ich seit vierzehn Tagen
Ein Weib verbannt aus meines Heinrich Bett?
Sag', Herzensmann, was ist es? Was entzieht
Dir Eßlust, Freud' und deinen goldnen Schlaf?
Weshalb zur Erde senkst du deine Augen
Und fährst, wann du allein bist, oft empor,
Verlierst das frische Blut in deinen Wangen
Und gibst mein Kleinod, meine Recht' an dich,
Trübschau'nder Grübelei, verfluchter Schwermuth?
In deinem Halbschlaf hab' ich dich bewacht
Und hörte lallen dich von eh'rnem Krieg,
Dein bäumend Roß mit Reiterworten lenken
Und rufen: „Frisch, zum Kampf!" Dann sprachst du noch
Von Ausfall und von Rückzug, Schanzen, Zelten,
Basteien, Palissaden, Parapeten,
Feldschlangen, Basilisken und Kanonen,
Freikauf Gefangner und erschlagnen Kriegern,

Vom ganzen Hergang einer wilden Schlacht.
Dein Geist in dir ist so im Krieg gewesen
Und hat dich so erregt in deinem Schlaf,
Daß Schweiß in Perlen stand auf deiner Stirn
Wie Blasen im jüngst aufgewühlten Strom,
Und dein Gesicht verrieth seltsame Regung,
Wie wenn ein Mann den Athem an sich hält
Bei großem, eil'gem Werk. O, was für Zeichen sind das?
Ein schwer Geschäft hat mein Gemahl um Hand,
Und wissen muß ich's, sonst liebt er mich nicht.

Heißsporn.

Heda! Ist Guillaume fort mit dem Packet?

(Ein Diener kommt.)

Diener.

Ja, gnäd'ger Herr, seit einer Stunde.

Heißsporn.

Ist Butler mit den Pferden da vom Sheriff?

Diener.

Ein Pferd, Mylord, bracht' er soeben mit.

Heißsporn.

Was für ein Pferd? Ein Fuchs? Ein Stutzohr? Nicht?

Diener.

Ja, gnäd'ger Herr.

Heißsporn.

Der Rothfuchs sei mein Thron!

Gut, ich besteig' ihn gleich. O Espérance! —
Daß Butler ihn hinausführt in den Park!

(Diener ab.)

Lady Percy.

So hört doch, mein Gemahl!

Heißsporn.

Was sagst du, Frau Gemahlin?

Lady Percy.

Was führt dich fort von hier?

Heißsporn.

Ei, mein Pferd, mein Schatz, mein Pferd.

König Hein ich der Vierte. Erster Theil.   3

Lady Percy.

Pfui, du tollköpf'ger Aff';
Kein Wiesel hat solch eine Menge Grillen,
Wie dich bestürmen. Meiner Treu, ich will
Die Sache wissen, Heinrich; ja, ich will's.
Mein Bruder Mortimer, fürcht' ich, rührt sich wieder
Um seine Recht' und hat zu Euch geschickt,
Daß Ihr darin ihm beisteht. Geht Ihr aber —

Heißsporn.

So weit zu Fuß, so werd' ich müde, Liebchen.

Lady Percy.

Komm, komm, du Papagai, antworte mir
Gerad' auf diese Frage, die ich thu';
Ich breche dir den kleinen Finger, Heinrich,
Wenn du nicht alles ehrlich mir erzählst.

Heißsporn.

Fort, fort,
Du Kindskopf! Liebchen? Nein, ich lieb' dich nicht,
Ich frag' nach dir nicht. Dies ist keine Welt
Zum Puppenspielen und zum Lippenfechten;
Wir brauchen blut'ge Köpf' und müssen Eisen
Als baare Münz' anbringen. — Blitz! mein Pferd! —
Was sagst du, Käthe? Wolltest du mir was?

Lady Percy.

Liebt Ihr mich nicht? Liebt Ihr mich wirklich nicht?
Gut, laßt es denn! Denn weil Ihr mich nicht liebt,
Lieb' ich mich selbst nicht mehr. Liebt Ihr mich nicht?
Nein, sagt mir, ob Ihr Spaß macht oder nicht.

Heißsporn.

Komm, willst mich reiten sehn?
Wenn ich im Sattel sitze, will ich schwören,
Ich liebe dich unendlich. Hör' aber, Käthe:
Ich will nicht, daß du ferner mich verhörst,
Wohin ich geh', noch spintisirst, warum.
Wohin ich muß, muß ich: und kurz und gut,
Ich muß dich heut' verlassen, liebe Käthe.
Ich weiß ja, du bist weise, doch nicht weiser
Als Heinrich Percy's Frau; standhaft bist du,
Jedoch ein Weib, und an Verschwiegenheit
Hält keine Dame dichter; denn ich glaube,

Daß du nicht sagen wirst, was du nicht weißt;
Und so weit will ich dir vertraun, mein Käthchen.

Lady Percy.

Wie? So weit?

Heißsporn.

Nicht einen Zoll mehr. Aber hört, Frau Käthe:
Wohin ich gehe, dahin folgt Ihr mir;
Ich werde heut' aufbrechen, morgen Ihr:
Seid Ihr zufrieden so?

Lady Percy.

Ich muß ja wohl.
(Beide ab.)

Vierte Scene.

Eastcheap. Eine Stube in der Schenke Zum wilden
Schweinskopf.

Prinz Heinrich und Poins (treten auf).

Prinz Heinrich.

Ums Himmels willen, Ede, komm aus der schmierigen Stube
und steh' mir ein bischen mit Lachen bei!

Poins.

Wo bist du gewesen, Heinz?

Prinz Heinrich.

Mit drei bis vier Ochsenköpfen zwischen drei bis vier Dutzend
Erhösten. Ich habe auf der allertiefsten Saite der Leutseligkeit
gespielt. Junge, ich bin jetzt geschworner Bruder mit einer Rotte
Käser und kann sie alle bei ihren Taufnamen nennen, als: Fritz,
Franz und Kunz. Sie setzen schon ihre Seligkeit daran, daß ich,
obschon nur Kronprinz, doch der König der Höflichkeit bin, und sie
sagen mir gerade heraus, ich sei kein hochmüthiger Hans wie Falstaff, sondern ein Korinthier, ein rechter Kerl, ein guter Junge —
bei Gott, so nennen sie mich — und wenn ich erst König von
England bin, so sollen alle wackern Burschen in Eastcheap mir zu
Besehl stehen. Stark trinken nennen sie scharlach färben, und wenn
einer beim Aufgießen Athem holt, so rufen sie Hott! und ermahnen
ihn, loszuspritzen. Kurzum, ich hab's in einer Viertelstunde so weit

3*

gebracht, daß ich lebenslang mit jedem Kesselflicker in seiner eignen Sprache trinken kann. Ich sage dir, Ede, dir ist viel Ehre entgangen, daß du nicht mit mir in dieser Action gewesen bist. Aber, süßer Ede — und um diesen Namen Ede zu versüßen, geb' ich dir dies Pfennigsbütchen voll Zucker, das mir eben ein Untermundschenk in die Hand drückte, einer, der in seinem Leben kein anderes Englisch gesprochen hat als: „Acht Schillinge sechs Pfennige," und: „Schönen guten Abend!" mit dem gellenden Zusatze: „Gleich, Herr, gleich! Eine Flasche Muskat im halben Mond angetrieben!" oder dergleichen. — Aber, Ede, um uns die Zeit zu vertreiben, bis Falstaff kommt, bitte, stell' du dich in eine Stube nebenan, während ich meinen kleinen Küfer verhöre, zu welchem Zweck er mir den Zucker gegeben hat, und dann ruf du unaufhörlich „Franz!" damit er vor mir nichts anderes vorbringen kann als immer „Gleich!" Tritt bei Seite, und ich zeige dir ein Musterbild.

Poins.

Franz!

Prinz Heinrich.

Du bist vollendet.

Poins.

Franz!

(Poins ab.)

Franz (tritt auf).

Gleich, gleich, Herr! — Ralf, sieh unten im Granatapfel nach!

Prinz Heinrich.

Komm hierher, Franz.

Franz.

Gnäd'ger Herr?

Prinz Heinrich.

Wie lange mußt du noch dienen, Franz?

Franz.

Mein Seel', noch fünf Jahre und so lange, bis —

Poins (drinnen).

Franz!

Franz.

Gleich, Herr, gleich!

Prinz Heinrich.

Fünf Jahre. Bei unsrer lieben Frau, ein langer Termin, um mit Zinn zu klappern! Aber sag' mal, Franz, hättest du wol so viel Courage, um mit deinem Lehrbrief die Memme zu spielen, ihm ein hübsches Paar Hacken zu zeigen und vor ihm durchzubrennen?

Franz.

Du meine Zeit, Herr! Ich will's auf alle Bücher in England schwören, ich könnt' es übers Herz bringen!

Poins (drinnen).

Franz!

Franz.

Gleich, Herr, gleich!

Prinz Heinrich.

Wie alt bist du, Franz?

Franz.

Laßt sehen: auf zukünftigen Michaelis werde ich —

Poins (drinnen).

Franz!

Franz.

Gleich, Herr! — Bitte, einen Augenblick, gnädigster Prinz!

Prinz Heinrich.

Aber hör' doch, Franz! Der Zucker, den du mir gabst, — es war für einen Pfennig, nicht?

Franz.

O, gnädiger Herr, ich wollte, es wäre für zwei gewesen.

Prinz Heinrich.

Ich will dir tausend Pfund dafür geben; fordere sie, wann du willst, und du sollst sie haben.

Poins (drinnen).

Franz!

Franz.

Gleich, gleich!

Prinz Heinrich.

Gleich, Franz? Nein, Franz; aber morgen, Franz, oder, Franz, am Donnerstag, oder, wahrhaftig, Franz, wann du willst. Aber, Franz —

Franz.

Gnädiger Herr?

Prinz Heinrich.

Bestiehlst du ihn denn, ich meine den Mann mit Lederwams, Krystallknöpfen, gestutzter Platte, Achatring, schwarzen Strümpfen, gestrickten Kniebändern, glatter Zunge, türkisförmigem Schmerbauch —

Franz.

Gerechter Gott! Wen meint Ihr, Herr?

Prinz Heinrich.

Demnach wäre denn brauner Muskat Euer einziges Getränk. Denn seht, Franz, Euer weißes leinenes Camisol wird schmuzig werden. In der Berberei, mein Freund, kann es so weit nicht kommen.

Franz.

Was, Herr?

Poins (drinnen.)

Franz!

Prinz Heinrich.

Marsch, du Taugenichts! Hörst du sie nicht schreien?

(Hier rufen ihn beide; der Küfer steht verblüfft und weiß nicht, wohin er gehen soll. Der Kellner kommt drauf zu.)

Kellner.

Was? Stehst hier still und hörst so'n Rufen? Sieh nach den Gästen drinnen.

(Franz ab).

Gnädiger Herr, der alte Sir John und noch ein halb Dutzend stehen vor der Thür; soll ich sie hereinlassen?

Prinz Heinrich.

Laß sie noch ein Weilchen stehn, und dann mach' ihnen auf!

(Kellner ab).

Poins!

Poins (kommt zurück).

Gleich, Herr, gleich!

Prinz Heinrich.

Junge, Falstaff und die andern Spitzbuben sind vor der Thür; sollen wir uns lustig machen?

Poins.

Lustig wie Grashüpfer, Junge! Aber hört, was für eine feine Partie habt Ihr aus diesem Spaß mit dem Küfer gemacht! Komm, was ist das Ende vom Liede?

Prinz Heinrich.

Ich bin jetzt voll sämmtlicher Humore, die sich je als Humore gezeigt haben von den alten Tagen des Papa Adam bis zu dem unmündigen Alter der gegenwärtigen Mitternachtstunde.

(Franz kommt mit Wein.)

Was ist die Uhr, Franz?

Franz.

Gleich, Herr, gleich!

(Ab.)

Prinz Heinrich.

Daß der Bursche weniger Worte haben kann als ein Papagai, und ist doch eines Weibes Sohn! Seine Thätigkeit ist treppauf treppab, seine Beredsamkeit das Aufsummiren einer Rechnung. — — Ich bin noch nicht so gesinnt wie Percy, der Heißsporn des Nordens, der euch seine sechs, sieben Dutzend Schotten zum Frühstück umbringt, sich die Hände wäscht und zu seiner Frau sagt: „Pfui über dies stille Leben! Ich sehne mich nach Arbeit." — „O mein Herzensbeinrich," sagt sie, „wie viele hast du heute umgebracht?" — „Gebt meinem Rothfuchs zu saufen!" sagt er, und eine Stunde später antwortet er: „Ein Stücker vierzehn, Bagatell, Bagatell! —" Bitte, ruf Falstaff herein; ich will den Percy spielen, und das dicke Vieh soll Dame Mortimer, seine Gattin, vorstellen. „Rivo!" sagt der Säufer. Auf mir das Rippstück, ruf mir den Talgklumpen.

(Falstaff, Gadshill, Bardolf und Peto kommen.)

Poins.

Willkommen, Hans! Wo bist du gewesen?

Falstaff.

Hol' die Pest alle feigen Memmen, sag' ich, und die Schwerenoth dazu! Ja und Amen! — Gib mir ein Glas Sect, Junge! — Ehe ich dies Leben noch lange führe, will ich lieber Strümpfe stricken und sie stopfen und sie neu versohlen obendrein. Hol' die Pest alle feigen Memmen! — Gib mir ein Glas Sect, Halunke! — Ist keine Tugend mehr auf Erden?

(Er trinkt.)

Prinz Heinrich.

Hast du nie gesehen, wie Phöbus einen Teller voll Butter küßte — der weichherzige Phöbus — und wie die Butter bei den süßen Worten des Sonnengottes zerschmolz? Wenn du es sahst, so betrachte diese Masse!

Falstaff.

Du Schurke, in diesem Sect ist auch Kalk; nichts als Schurkerei findet man unter dem Menschengesindel. Aber eine Memme ist doch noch schlimmer als ein Glas Sect mit Kalk drin, so 'ne niederträchtige Memme! Geh du deiner Wege, alter Hans! stirb wann du willst! Wenn Mannhaftigkeit, wahre Mannhaftigkeit nicht vom Angesicht der Erde verschwunden ist, so bin ich ein ausgenommener Hering. In ganz England leben nicht drei wahre Männer ungehängt, und einer von ihnen ist fett und wird alt. Gott besser's! Eine schlechte Welt, sag' ich. Ich wollt', ich wär' ein Weber; ich könnte Psalmen singen, oder irgend was. Hol' die Pest alle feigen Memmen! dabei bleib' ich.

Prinz Heinrich.

Nun, du Wollsack, was brummst du da vor dich hin?

Falstaff.

Ein Königssohn! Wenn ich dich nicht aus deinem Königreich hinauspeitsche mit einer hölzernen Pritsche und alle deine Unter= thanen vor dir hertreibe wie einen Schwarm wilder Gänse, so will ich nie mehr Haare im Gesicht tragen. Ihr ein Prinz von Wales!

Prinz Heinrich.

Ei, du schmieriges Rundstück, was hast du denn?

Falstaff.

Seid Ihr nicht eine Memme? — beantwortet mir das — und der Poins da?

Poins.

Alle Wetter, Ihr Dickwanst, wenn Ihr mich Memme nennt, stech' ich Euch todt.

Falstaff.

Ich dich Memme nennen! Eher sollst du verdammt sein, ehe ich das thue; aber ich gäbe tausend Pfund drum, daß ich so gut laufen könnte wie du. Ihr seid leiblich grade in den Schultern; Ihr fragt nicht danach, wer Euren Rücken sieht. Nennt Ihr das Rücksicht für Eure Freunde? Hol' die Pest solche Rücksichten! Gebt mir einen Mann, der mir ins Gesicht sieht! — Gebt mir ein Glas Sect! Ich bin ein Schelm, wenn ich heute was getrunken habe.

Prinz Heinrich.

O du Sünder! Du hast dir vom letzten Trunke kaum die Lippen abgewischt.

Falstaff.

Es kommt alles auf eins hinaus. (Er trinkt.) Hol' die Pest alle feigen Memmen! sag ich nochmals.

Prinz Heinrich.

Was hast du denn?

Falstaff.

Was ich habe? Hier sind vier unter uns, die haben heute morgen tausend Pfund erbeutet.

Prinz Heinrich.

Wo sind sie, Hans? wo sind sie?

Falstaff.

Wo sind sie? Uns abgenommen sind sie; an die hundert gegen uns armselige vier!

Prinz Heinrich.

Was? Hundert, Mensch?

Falstaff.

Ich bin ein Schelm, wenn ich nicht mit einem halben Dutzend ein paar Stunden lang mich herumgeschlagen habe. Ich bin durch ein Wunder davongekommen. Ich habe acht Stöße durch das Wams gekriegt, vier durch die Beinkleider; mein Schild ist durch und durch gehauen, mein Degen zerhackt wie 'ne Handsäge: ecce signum; seit ich ein Mann bin, hab' ich mich nie besser gehalten; es half aber alles nichts. Hol' die Pest alle Memmen! Laßt die da reden; wenn sie mehr oder weniger als die Wahrheit sagen, so sind sie Hundsfötter und Kinder der Finsterniß.

Prinz Heinrich.

Redet, Leute, wie war's?

Gadshill.

Wir viere überfielen ein Dutzend —

Falstaff.

Sechzehn wenigstens.

Gadshill.

Und banden sie.

Peto.

Nein, nein, sie wurden nicht gebunden.

Falstaff.

Ja, du Schelm, sie wurden gebunden, Mann für Mann; sonst will ich ein Jude sein, ein hebräischer Jude.

Gadshill.

Als wir beim Theilen waren, fielen sechs bis sieben frische Kerle uns an —

Falstaff.

Und banden die andern los, und dann kamen die übrigen.

Prinz Heinrich.

Was? Ihr schlugt euch mit ihnen allen?

Falstaff.

Allen? Ich weiß nicht, was Ihr alle nennt, aber wenn ich nicht ihrer funfzig gegen mich hatte, so will ich ein Bündel Radieser sein. Wenn nicht ihrer zwei= bis dreiundfunfzig über den armen alten Hans her waren, so bin ich keine zweibeinige Creatur.

Prinz Heinrich.

Gott gebe, daß Ihr nur nicht ein paar ermordet habt!

Falstaff.

Ja, da hilft nun kein Beten mehr: ich habe zweien von ihnen die Freude versalzen; zweien, das weiß ich, hab' ich ihr Theil ge= geben, zwei Schelmen in steifleinenen Kleidern. Ich will dir was sagen, Heinz: wenn ich dir was vorlüge, so spucke mir ins Gesicht, nenn' mich ein Pferd! Du kennst meine alte Parade: so lag ich, und so führt' ich meine Klinge. Vier Schelme in Steifleinen legten los gegen mich —

Prinz Heinrich.

Was? Viere? Du sagtest ja zwei diesen Augenblick.

Falstaff.

Vier, Heinz, ich sagte viere.

Poins.

Ja, ja, er hat viere gesagt.

Falstaff.

Diese viere kamen alle in Front und stießen mächtig nach mir. Ich machte nicht viel Umstände, sondern fing ihre sieben Spitzen alle mit meinem Schilde auf — so!

Prinz Heinrich.

Sieben? Eben waren's doch nur vier.

Falstaff.

In Steifleinen.

Poins.

Ja, viere in steifleinenen Kleidern.

Falstaff.

Sieben, bei diesem Degengriff, oder ich will ein Schelm sein.

Prinz Heinrich.

Ich bitte dich, laß ihn in Frieden! Wir werden gleich noch mehr kriegen.

Falſtaff.

Hörſt du auch zu, Heinz?

Prinz Heinrich.

Ja, und ich merk's mir auch, Hans.

Falſtaff.

Recht ſo, es iſt wohl des Aufhorchens werth. Dieſe neun in
Steifleinen, wovon ich dir ſagte —

Prinz Heinrich.

So, ſchon zwei mehr.

Falſtaff.

Da ich ſie mittendurch geſprengt hatte —

Poins.

Fielen ihre Hoſen herunter.

Falſtaff.

So fingen ſie an zu weichen. Aber ich hinter ihnen drein, über
ſie her, Fuß und Hand, und wie der Wind hatte ich ſieben von
den elfen ihr Theil gegeben.

Prinz Heinrich.

O, entſetzlich! Elf ſteifleinene Kerle aus zweien!

Falſtaff.

Wie denn aber der Teufel ſein Spiel haben wollte, ſo kamen
jetzt drei abſcheuliche Spitzbuben in grünem Flaus mir in den
Rücken und hieben auf mich ein; denn es war ſo dunkel, Heinz, daß
man nicht die Hand vor Augen ſehen konnte.

Prinz Heinrich.

Dieſe Lügen ſind wie der Vater, der ſie erzeugt: groß und breit
wie Berge, offenbar, handgreiflich. Ei du grützköpfiger Wanſt,
du vernagelter Tropf, du hundsföttiſches, ſchmuziges, ſchmieriges
Talgfaß —

Falſtaff.

Was, biſt du toll? biſt du toll? Was wahr iſt, iſt doch wahr.

Prinz Heinrich.

Ei, wie konnteſt du dieſe Kerle in grünem Flaus erkennen, wenn
es ſo dunkel war, daß du deine Hand nicht ſehen konnteſt? Komm,
gib uns deine Gründe an! Wie erklärſt du das?

Poins.

Ja, Eure Gründe, Hans, Eure Gründe!

Falstaff.

Was? mit Gewalt? Nein! wär' ich auf der Wippe oder allen Foltern der Welt', so ließ ich mir's nicht mit Gewalt abnöthigen. Mit Gewalt Gründe angeben? Wenn Gründe so reichlich wären wie Brombeeren, so sollte mir doch kein Mensch einen Grund mit Gewalt abnöthigen, mir nicht.

Prinz Heinrich.

Ich will mich dieser Sünde nicht länger schuldig machen: diese vollblütige Memme, dieser Bettdrücker, dieser Pferderückenbrecher, dieser ungeheuere Fleischberg —

Falstaff.

Pack' dich, du Hungerleider, du Aalhaut, du gedörrte Rinds= zunge, du Ochsenziemer, du Stockfisch — o hätt' ich nur Athem genug, zu nennen, was dir gleicht! Du Schneiderelle, du Degen= scheide, du Bogenfutteral, du erbärmliches Rappier —

Prinz Heinrich.

Gut, verschnauf' dich ein Weilchen, und dann lege wieder los, und wenn du dich erschöpft hast in schlechten Vergleichungen, dann laß dir Folgendes sagen.

Merk' auf, Hans!

Poins.

Prinz Heinrich.

Wir zwei sahen euch viere über viere herfallen; und ihr bandet sie und wart Meister ihrer Schätze. Nun merkt auf, eine wie einfache Geschichte euch zu Schanden macht! Darauf überfielen wir zwei euch viere und trotzten euch mit einem Worte eure Beute ab und haben sie, ja, und können sie euch hier im Hause zeigen. Und Ihr, Falstaff, schlepptet Euren Wanst so hurtig davon, mit so behender Geschicklichkeit, und brülltet um Gnade und lieft und brülltet in einem fort, wie ich nur je ein Bullenkalb habe brüllen hören. Was für ein Sünder bist du, deinen Degen zu zerhacken, wie du gethan hast, und dann zu sagen, es sei vom Fechten! Welchen Kniff, welche Ausflucht, welchen Schlupfwinkel kannst du nun ausfindig machen, um dich vor dieser offenbaren und augen= scheinlichen Schande zu verstecken?

Poins.

Komm, laß hören, Hans: was für einen Kniff hast du jetzt?

Falstaff.

Bei Gott, ich kannte Euch so gut wie der, der Euch gemacht
hat. Hört mich an, ihr Herren! Kam es mir zu, den Erben des
Throns umzubringen? Sollte ich mich wider den echten Prinzen
tehren? Du weißt wohl, ich bin so tapfer wie Hercules, aber
respectire den Instinct! Der Löwe rührt den echten Prinzen nicht
an. Instinct ist eine große Sache: ich war Memme aus Instinct.
Ich werde lebenslang um so besser von mir und von dir denken,
von mir als einem tapfern Löwen, von dir als einem echten Prinzen.
Aber bei Gott, Jungen, ich bin froh, daß ihr das Geld habt. —
Wirthin, die Thüren zu! Heute gewacht, morgen gebetet! — Blitz-
jungen! Sappermenter! Goldherzen! Alle Titel guter Kameradschaft
über euch! Was? sollen wir lustig sein? sollen wir eine Komödie
extemporiren?

Prinz Heinrich.

Einverstanden, und der Vorwurf sei dein Davonlaufen.

Falstaff.

O, nichts weiter davon, Heinz, wenn du mich lieb hast!

(Die Wirthin kommt.)

Wirthin.

O Jesus, der gnädigste Herr Prinz!

Prinz Heinrich.

Sieh da, edle Frau Wirthin! Was hast du mir zu sagen?

Wirthin.

Gnädiger Herr, da ist ein Cavalier vom Hofe vor der Thür,
der mit Euch reden will, und er sagt, daß Euer Vater ihm was
aufgetragen hat.

Prinz Heinrich.

Das ist eine königliche Mahlzeit, schick ihn damit zu meiner
Mutter!

Falstaff.

Was für eine Art von Mann ist es?

Wirthin.

Ein alter Mann.

Falstaff.

Was thut die Gravität um Mitternacht außer Bette? Soll ich
ihn abfertigen?

Prinz Heinrich.

Ja, thu' das, Hans!

Falstaff.

Meiner Treu, ich werde ihm schön heimleuchten.

(Ab.)

Prinz Heinrich.

Nun, Leute, bei unsrer lieben Frauen, ihr habt euch wacker geschlagen, Ihr, Peto, und Ihr, Bardolf, ihr seid auch Löwen, ihr lieft aus Instinct weg, ihr wolltet den echten Prinzen nicht anrühren, bei Leibe nicht. O pfui!

Bardolf.

Mein Seel', ich lief, wie ich die andern laufen sah.

Prinz Heinrich.

Sagt mir jetzt einmal aufrichtig, wie wurde Falstaff's Degen so schartig?

Peto.

Ei, er zerhackte ihn mit seinem Dolche und sagte, er wolle die Wahrheit in Grund und Boden schwören, aber er wolle Euch glauben machen, daß es vom Fechten komme, und er beredete uns, desgleichen zu thun.

Bardolf.

Ja, und unsere Nasen mit scharfem Grase zu kitzeln, um sie zum Bluten zu bringen, und dann unsere Kleider damit zu beschmieren und zu schwören, es wäre Blut von ehrlichen Leuten. Ich that, was ich seit sieben Jahren nicht gethan habe: ich wurde roth, als ich seine abscheulichen Einfälle hörte.

Prinz Heinrich.

O Spitzbube! du stahlst vor achtzehn Jahren ein Glas Sect und wurdest mit dem Raube ertappt, und seitdem bist du immer ex tempore roth geworden. Du hattest Feuer und Schwert auf deiner Seite, und doch liefst du davon; welchen Instinct hattest du dabei?

Bardolf.

Gnädiger Herr, seht Ihr diese Meteore? erblickt Ihr diese Feuerdünste?

Prinz Heinrich.

Freilich.

Bardolf.

Was meint Ihr, daß sie bedeuten?

Prinz Heinrich.

Heiße Leber, kalten Beutel.

Bardolf.

Galle, gnädiger Herr, wenn man's recht nimmt.

Prinz Heinrich.

Nein, wenn man's recht nimmt, Galgen.

(Falstaff kommt zurück.)

Da kommt der magere Hans, da kommt Klapperbein. Nun, meine zierliche Wulstpuppe? Wie lange ist es her, Hans, daß du dein eigenes Knie nicht gesehen hast?

Falstaff.

Mein eigenes Knie? Als ich in deinen Jahren war, Heinz, war ich um den Leib nicht so dick wie eine Adlerklaue; ich hätte in eines Aldermans Daumenring kriechen können. Hol' die Pest Kummer und Seufzen! es bläht den Menschen auf wie einen Schlauch. — Da sind niederträchtige Neuigkeiten los: hier war Sir John Brach von Eurem Vater; Ihr müßt morgen früh an den Hof. Der bewußte verrückte Kerl im Norden, Percy, und der aus Wales, der dem Amaimon die Bastonade gab und Lucifer zum Hahnrei machte und den Teufel zum Vasallen einschwor auf das Kreuz einer walisischen Hellebarte — wie zum Henker heißt er doch?

Poins.

O — Glendower.

Falstaff.

Owen, Owen, derselbe. Und sein Schwiegersohn Mortimer und der alte Northumberland und der famose Schotte aller Schotten, Douglas, der zu Pferde einen perpendiculären Berg hinanläuft —

Prinz Heinrich.

Der im vollen Galop mit der Pistole einen Sperling im Fluge schießt.

Falstaff.

Ihr habt es getroffen.

Prinz Heinrich.

Aber er niemals den Sperling.

Falstaff.

Nun, der Schuft hat Herz im Leibe, der läuft nicht.

Prinz Heinrich.

Was für ein Schuft bist du dann, ihn wegen seines Laufens zu rühmen?

Falstaff.

Zu Pferde, du Gimpel! Zu Fuß weicht er keinen Fuß breit.

Prinz Heinrich.

O ja, Hans, aus Instinct.

Falstaff.

Das geb' ich zu, aus Instinct. Also der ist auch dabei, und ein gewisser Mordake und sonst noch an die tausend Blaumützen. Worcester hat sich bei Nacht aus dem Staube gemacht; deines Vaters Bart ist weiß geworden von der Nachricht; ihr könnt jetzt Land so wohlfeil laufen wie stinkende Makrelen.

Prinz Heinrich.

Nun, wenn ein heißer Juni kommt und diese einheimische Bal= gerei fortdauert, so werden wir wahrscheinlich Jungfernschaften kaufen wie Hufnägel, schockweise.

Falstaff.

Beim Sakrament, Junge, du hast recht: es steht zu vermuthen, daß wir in diesem Punkte gute Geschäfte machen werden. Aber sage mir, Heinz, hast du nicht eine schauderhafte Angst? Du als Thronerbe, könnte die ganze Welt dir wol noch drei solche Gegner aussuchen wie diesen Teufel Douglas, diesen Kobold Percy und diesen Höllenbraten Glendower? Hast du nicht eine schauderhafte Angst? Ueberläuft es dich nicht?

Prinz Heinrich.

Nicht die Spur, meiner Treu; ich brauche etwas von deinem Instinct.

Falstaff.

Na, du wirst morgen schauerlich ausgescholten werden, wenn du zu deinem Vater kommst; wenn du mich lieb hast, übe dir eine Antwort ein.

Prinz Heinrich.

Gut, stelle du meinen Vater vor und verhöre mich über meinen Lebenswandel.

Falstaff.

Soll ich? Topp! Dieser Sessel soll mein Thron sein, dieser Dolch mein Scepter, und dies Kissen meine Krone.

Prinz Heinrich.

Dein Thron gilt für einen alten Dreibein, dein goldnes Scepter

für einen bleiernen Dolch, und deine köstliche reiche Krone für eine
elende kahle Glatze.

Falstaff.

Warte nur, wenn die Gnade in dir nicht ganz erloschen ist, so
wirst du jetzt gerührt werden. — Gebt mir ein Glas Sect, damit
meine Augen roth aussehen und man denkt, daß ich geweint habe;
denn ich muß mit bewegtem Gemüth sprechen, und das will ich
auch, in des Königs Kambyses Weise.

Prinz Heinrich.

Gut, hier ist mein Kratzfuß.

Falstaff.

Und hier meine Rede. — Tretet beiseite, ihr Großen!

Wirthin.

O Jesus, das ist ein prächtiger Spaß!

Falstaff.

Weint nicht, o Königin; vergeblich träufeln Thränen!

Wirthin.

Jesus Maria! was er sich für ein Ansehn gibt!

Falstaff.

Ihr Edlen, bringt mein bang Gemahl hinaus,
Denn Gram verstopft die Schleußen ihrer Augen.

Wirthin.

O Jemine, er macht es just so wie in den Liebeskomödien, wie
ich nur je was gesehen habe.

Falstaff.

Still, gute Bierkanne! Still Frau Schnaps! — Heinrich, mich
wundert nicht allein, wo du deine Zeit hinbringst, sondern auch,
mit wem du umgehst; denn wiewol die Kamille, je mehr sie getreten wird, um so schneller wächst, so wird doch die Jugend, je
mehr man sie verschwendet, um so schneller abgenutzt. Daß du
mein Sohn bist, dafür habe ich theils deiner Mutter Wort, theils
meine eigene Ansicht, aber hauptsächlich einen niederträchtigen Zug
in deinem Auge und ein albernes Hängen deiner Unterlippe, welches
mir dafür bürgt. Wofern du denn mein Sohn bist — dahin zielt
meine Rede — wenn du mein Sohn bist, warum bist du die Ziel-
scheibe des Geredes? Soll die glorreiche Sonne des Himmels ein

Strauchdieb werden und Brombeeren naschen? Eine nicht aufzuwerfende Frage. Soll der Sohn Englands ein Dieb werden und
Beutel schneiden? Eine allerdings aufzuwerfende Frage. Es gibt
ein Ding, Heinrich, wovon du oftmals gehört hast, und es ist
vielen in unserm Lande unter dem Namen Pech bekannt. Dieses
Pech, wie alte Schriftsteller berichten pflegt zu besudeln: so auch
die Gesellschaft, in der du verkehrst, Denn, Heinrich, jetzt rede
ich zu dir nicht im Trunke, sondern in Thränen, nicht zum Zeit-
vertreib, sondern im Herzeleid, nicht bloß mit Worten, sondern
auch mit Sorgen. Und doch gibt es einen tugendhaften Mann,
den ich häufig in deiner Gesellschaft bemerkt habe, aber ich weiß
seinen Namen nicht.

Prinz Heinrich.

Was für eine Art von Mann, wenn's Euer Majestät beliebt?

Falstaff.

Ein ansehnlicher, stattlicher Mann, das muß ich sagen, und
wohlbeleibt; er hat einen heitern Blick, einnehmende Augen und
ein vornehmes Wesen; und sein Alter, sollt' ich denken, ist so
einige funfzig, so Gott will, gegen sechzig; und jetzt fällt es mir
ein, sein Name ist Falstaff. Wenn der Mann zur Ausschweifung
neigen sollte, so täuscht er mich, denn, Heinrich, ich sehe Tugend
in seinen Blicken. Wofern denn der Baum an seinen Früchten
erkannt wird, gleichwie die Frucht an dem Baume, dann spreche
ich es mit Bestimmtheit aus: es ist Tugend in diesem Falstaff.
Zu ihm halte dich, die andern verbanne! Und nun sage mir, du
Taugenichts, sage, wo hast du den ganzen Monat gesteckt?

Prinz Heinrich.

Sprichst du wie ein König? Jetzt stell' du mich einmal vor,
und ich will meinen Vater spielen.

Falstaff.

Mich absetzen? Wenn du es halb so feierlich, so majestätisch
machst in Worten und in Werken, dann häng' mich an den Beinen
auf wie ein Kaninchen oder einen Hasen beim Wildhändler.

Prinz Heinrich.

Gut, hier sitz' ich.

Falstaff.

Und hier steh' ich. Nun urtheilt, ihr Herren!

Prinz Heinrich.

Nun, Heinrich, woher kommt Ihr?

Falstaff.

Mein hoher Herr, von Eastcheap.

Prinz Heinrich.

Die Klagen, die ich über dich höre, sind sehr arg.

Falstaff.

Alle Wetter, Herr, sie sind falsch. — O, ich will dir den jungen Prinzen schon eintränken, wahrhaftig!

Prinz Heinrich.

Fluchest du, gottloser Knabe? Hinfort komm mir nicht mehr vor die Augen! Du wirst mit Gewalt dem Heil entrissen; ein Teufel suchet dich heim in Gestalt eines fetten alten Mannes; eine Tonne von einem Manne ist deine Gesellschaft. Warum verkehrst du mit dieser Kiste voll Windbeuteleien, diesem Beuteltrog der Bestialität, diesem aufgedunsenen Ballen Wassersucht, diesem ungeheuren Fasse Sect, diesem vollgestopften Kaldaunensack, diesem gebratenen Krönungsochsen mit den Gedärmen im Bauche, diesem ehrwürdigen Laster, dieser grauen Gottlosigkeit, diesem Vater Liederlich, dieser Eitelkeit bei Jahren? Worin ist er gut als im Sect=Kosten und Trinken? worin sauber und reinlich als im Kapaunen=Vorlegen und Essen? worin geschickt als in Kniffen und Pfiffen? worin pfiffig als in Spitzbüberei? worin spitzbübisch als in allen Dingen? worin löblich als in gar nichts?

Falstaff.

Ich wollte, Euer Gnaden machten sich verständlich: wen meinen Euer Gnaden?

Prinz Heinrich.

Den niederträchtigen, abscheulichen Verführer der Jugend, Falstaff, den alten weißbärtigen Satan.

Falstaff.

Gnädiger Herr, den Mann kenn' ich.

Prinz Heinrich.

Ich weiß, daß du ihn kennst.

Falstaff.

Wenn ich aber sagte, ich wisse mehr Schlimmes von ihm als von mir selbst, so sagte ich mehr, als ich weiß. Daß er alt ist, Gott sei es geklagt! seine weißen Haare bezeugen es; daß er aber, mit Euer Gnaden Erlaubniß, ein Hurenjäger wäre, das leugne ich

4*

ganz und gar. Wenn Sect und Zucker Fehler sind, dann stehe
Gott den Lasterhaften bei! Wenn alt und lustig sein eine Sünde
ist, dann ist mancher alte Schenkwirth, den ich kenne, verdammt.
Wenn dick sein Haß verdient, so müssen Pharao's magere Kühe
geliebt werden. Nein, lieber Herr, verbanne Peto, verbanne Bar=
dolf, verbanne Poins; aber den lieben Hans Falstaff, den guten Hans
Falstaff, den treuen Hans Falstaff, den tapfern Hans Falstaff, um
so tapferer, da er der alte Hans Falstaff ist, den verbanne nicht
aus deines Heinrich Gesellschaft: verbanne den dicken Hans, und
du verbannst die ganze Welt.

Prinz Heinrich.

Ich thu's, ich will's.

(Man hört klopfen. Die Wirthin, Bardolf und Franz gehen hinaus. Bardol
kommt zurück.)

Bardolf.

Gnädiger Herr, gnädiger Herr! Der Sheriff mit einer ganz
schauderhaften Wache steht vor der Thür.

Falstaff.

Fort, du Schuft! — Spielt das Spiel aus! Ich habe vieles
zu Gunsten dieses Falstaff zu sagen.

(Die Wirthin kommt zurück.)

Wirthin.

O Jesus! Gnädiger Herr! gnädiger Herr!

Prinz Heinrich.

Halloh! Der Teufel reitet auf einem Fiedelbogen! Was gibt's?

Wirthin.

Der Sheriff und die ganze Wache sind vor der Thür, sie wollen
Haussuchung halten. Soll ich sie einlassen?

Falstaff.

Hörst du, Heinz? Nenne ein echtes Goldstück niemals falsche
Münze! Du bist in Wirklichkeit verrückt, wenn du es auch nicht
scheinst.

Prinz Heinrich.

Und du eine geborene Memme ohne Instinct.

Falstaff.

Ich weise den Major zurück; willst du den Sheriff zurückweisen,
gut: wo nicht, laß ihn ein. Wenn ich auf dem Karren mich nicht

ebenso gut ausnehme wie ein anderer, so hol' der Teufel meine
Erziehung! Ich hoffe, ich bin ebenso schnell mit einem Strick zu
erdrosseln wie ein anderer.

Prinz Heinrich.

Geh, versteck' dich hinter die Tapete! Die andern gehen oben
hinauf. — Jetzt, ihr Herren, ein ehrliches Gesicht und ein gutes
Gewissen!

Falstaff.

Ich habe beides 'mal gehabt, aber ihre Frist ist zu Ende, und
darum will ich mich verstecken.

(Alle ab, außer der Prinz und Peto.)

Prinz Heinrich.

Ruf' den Sheriff herein.

(Der Sheriff und ein Kärrner treten auf.)

Nun, Meister Sheriff, was sucht Ihr von mir?

Sheriff.

Zuerst verzeiht mir, Herr. Ein Diebsalarm
Hat ein'ge Leut' in dieses Haus verfolgt.

Prinz Heinrich.

Wer sind sie?

Sheriff.

Der ein' ist wohlbekannt, mein gnäd'ger Herr:
Ein starker, fetter Mann.

Kärrner.

So fett wie Butter.

Prinz Heinrich.

Der Mann, ich kann's versichern, ist nicht hier,
Weil ich ihn eben selbst im Dienst verwende;
Und, Sheriff, ich verpfände dir mein Wort,
Daß ich ihn schicken will zu morgen Mittag,
Dir Rechenschaft zu geben oder jedem
Für alles, dessen man ihn zeihen mag;
Und so ersuch' ich Euch, verlaßt das Haus.

Sheriff.

Ja, gnäd'ger Herr, sogleich. Zwei Herrn verloren
Bei diesem Straßenraub dreihundert Mark.

Prinz Heinrich.

Es mag wol sein; hat er die Herrn beraubt,
So soll er Rede stehn; und nun lebt wohl.

Sheriff.

Gute Nacht, mein gnäd'ger Herr.

Prinz Heinrich.

Es wird schon guter Morgen sein, nicht wahr?

Sheriff.

Ganz recht, mein Prinz; ich glaub', es ist schon zwei.

(Der Sheriff und der Kärrner ab.)

Prinz Heinrich.

Dieser ölige Schlingel ist so bekannt wie die Paulskirche. —
Geh, ruf' ihn heraus.

Peto.

Falstaff! — Fest eingeschlafen hinter der Tapete und schnarcht
wie ein Pferd.

Prinz Heinrich.

Hör' nur, wie schwer er Athem holt! Durchsuche seine Taschen!
— Was hast du gefunden?

Peto.

Nichts als Papiere, gnädiger Herr.

Prinz Heinrich.

Laß sehen, was es ist; lies sie.

Peto (liest).

„Item, ein Kapaun zwei Schilling zwei Pfennige; item, Sauce
vier Pfennige; item, Sect, zwei Maß, fünf Schilling acht Pfennige;
item, Sardellen und Sect, nach dem Abendessen, zwei Schilling
sechs Pfennig; item, Brot einen halben Pfennig."

Prinz Heinrich.

O ungeheuerlich! nur für einen halben Pfennig Brot zu dieser
unerlaubten Masse Sect! — Was noch sonst da ist, verwahre; wir
wollen's bei besserer Weile lesen. Laß ihn da schlafen bis an den
Tag. Ich will früh morgens an den Hof; wir müssen alle in den
Krieg, und du sollst einen ehrenvollen Posten haben. Ich werde
diesem fetten Schlingel ein Commando zu Fuß verschaffen, und
ich weiß, ein Marsch von zweihundert Schritt wird sein Tod sein.

Das Geld soll mit Zinsen zurückerstattet werden. Komm morgen zeitig zu mir, und somit guten Morgen, Peto.

Peto.

Guten Morgen, bester Herr.

(Beide ab.)

Dritter Aufzug.

Erste Scene.

Bangor. Zimmer im Hause des Erzdechanten.

Heißsporn, Worcester, Mortimer und Glendower (treten auf).

Mortimer.

Der Bund ist sicher, die Gelübde schön,
Und unser Vorspiel günst'ger Hoffnung voll.

Heißsporn.

Lord Mortimer und Vetter Glendower,
Wollt ihr euch setzen?
Und Oheim Worcester. — Der Henker hol's!
Vergeß' ich da die Karte!

Glendower.

Nein, hier ist sie.
Setzt Euch, mein Vetter Percy, setzt Euch doch,
Mein lieber Vetter Heißsporn; denn fürwahr,
So oft bei diesem Namen Lancaster
Nur spricht von Euch,
Wird sein Gesicht blaß und mit tiefem Seufzer
Wünscht er im Himmel Euch.

Heißsporn.

Und Euch zur Hölle,
So oft er reden hört von Owen Glendower.

Glendower.

Ich kann's nicht tadeln. Bei Glendower's Geburt

War ja des Himmels Stirn voll Feuerzeichen,
Brennender Fackeln, und bei meiner Ankunft
Bebte der Bau und mächt'ge Grund der Erde
Wie eine Memme.

Heißsporn.

Ei, das hätte sie auch gethan zur selben Zeit, wenn Eurer
Mutter Katze gejungt hätte, wenn Ihr auch nie geboren wäret.

Glendower.

Ich wiederhol's:
Die Erde bebt', als ich geboren ward.

Heißsporn.

Und ich sage: die Erde dachte nicht wie ich,
Wofern Ihr denkt, sie bebt' aus Angst vor Euch.

Glendower.

Die Himmel loderten, die Erde wankte.

Heißsporn.

Die Erde wankte wol, weil sie den Himmel
So lodern sah, und nicht aus Furcht vor Euch.
Wenn die Natur krank ist, so bricht sie oft
In tolle Krämpfe aus; die schwangre Erde
Wird oft gezwickt von einer Art Kolik;
Das macht der eingesperrte rebell'sche Wind
In ihrem Bauch, der, nach Befreiung strebend,
Altmutter Erde schüttelt, und da purzeln
Kirchthürm' und moosige Burgen. Als Ihr kamt,
Hat unsre Mutter Erd' in solcher Krankheit
Vor Pein gebebt.

Glendower.

Vetter, von vielen Männern
Duld' ich dies Sticheln nicht. Erlaubt noch einmal,
Daß ich es sag': als ich geboren ward,
Da war des Himmels Stirn voll Feuerzeichen,
Die Ziegen rannten vom Gebirg, das Vieh
Schrie seltsam die erschrocknen Felder an.
Die Zeichen stempeln mich als ungewöhnlich,
Und meines Lebens ganzer Hergang zeigt's,
Ich steh' nicht in dem Buch gemeiner Menschen.
Wo lebt der Mann, umschlossen von der See,
Die Englands, Schottlands, Wales Gestad' umtobt,
Der mich gelehrt hat oder Schüler nennt?

Und bringt mir einen, den ein Weib gebar,
Der auf dem schweren Weg der Kunst mir folgt
Und Schritt mir hält in tiefer Wissenschaft.

Heißsporn.

Daß niemand besser welsch spricht, glaub' ich wol. —
Ich will zu Tisch.

Mortimer.

Still, Vetter Percy, still! Ihr macht ihn toll.

Glendower.

Ich rufe Geister aus der wüsten Tiefe.

Heißsporn.

Ei ja, das kann ich auch, das kann ein jeder;
Doch kommen sie, wenn Ihr nach ihnen ruft?

Glendower.

Ich kann Euch lehren, Vetter, selbst den Teufel meistern.

Heißsporn.

Und ich, mein Freund, lehr' Euch des Teufels spotten
Durch Wahrheit; redet wahr, und lacht des Teufels.
Hast du ihn Macht zu rufen, bring' ihn her,
Und ich, was gilt's? hab' Macht, ihn wegzuspotten.
O redet allzeit wahr, und lacht des Teufels.

Mortimer.

Kommt, kommt!
Nicht mehr dies unersprießliche Geschwätz!

Glendower.

Dreimal hat Heinrich Bolingbroke gekämpft
Mit meiner Macht; dreimal vom Strome Wye
Und von des Severn Kiesbett sandt' ich ihn
Gepeitscht von Wettern heim, daß er mir blos
Durch rasche Flucht entkam.

Heißsporn.

Was, völlig bloß? und das bei schlechtem Wetter?
Wie bleibt er fieberfrei, ins Teufels Namen?

Glendower.

Kommt, nehmt die Karte! Soll'n wir unser Recht
Nun dreifach theilen, unserm Pact gemäß?

Mortimer.

Der Erzdechant hat schon das Land getheilt
In drei Gebiete, völlig gleich gemessen.
England vom Trent und Severn bis hierher,
Nach Süden und nach Osten, fällt an mich;
Der Westen, Wales jenseit des Severn-Ufers
Und all das reiche Land in dem Bezirk
An Owen Glendower; an Euch, mein lieber Vetter,
Der Rest im Norden, dort hinauf vom Trent.
Auch der Vertrag ist dreifach aufgesetzt,
Und wann wir ihn besiegelt wechselseitig —
Was diesen Abend noch geschehen mag —,
So ziehn wir, Vetter Percy, Ihr und ich
Und auch Mylord von Worcester morgen aus,
Um Euren Vater und das Schottenheer
Zu treffen, wie bestimmt, bei Shrewsbury.
Mein Vater Glendower ist noch nicht bereit,
Doch vierzehn Tag' ist er uns noch entbehrlich. —
(Zu Glendower.) In dieser Frist versammelt Ihr gar wohl
Vasallen, Freund' und Adel Eures Landes.

Glendower.

Noch kürzre Zeit bringt mich zu euch, ihr Herrn,
Und unter meinem Schutz auch eure Frauen.
Jetzt stehlt euch heimlich ohne Abschied fort,
Denn sonst wird eine Welt von Wassern fließen
Beim Abschied zwischen euren Fraun und euch.

Percy.

Mich dünkt, mein Antheil nördlich hier von Burton
Kommt euren beiden nicht an Größe gleich:
Seht, wie der Fluß mir da herein zickzackt
Und schneidet einen mächt'gen halben Mond,
Ein riesig Stück, aus meinem besten Lande.
Ich dämm' ihn zu, den Fluß, an diesem Punkt,
Und hier soll dann der silberhelle Trent
In neuem Bette fließen frei und grade;
Er soll sich nicht mit solcher Einbucht krümmen,
Um mich zu prellen um dies reiche Land.

Glendower.

Nicht krümmen? Ei, er soll's; Ihr seht, er thut's.

Mortimer.

Ja, aber seht,
Wie er die Richtung nimmt und dort mir aufläuft
Mit gleichem Vortheil an der andern Seite,
Das Land da drüben just so viel beknappend,
Wie er am andern Ufer Euch entzieht.

Worcester.

Mit wenig Kosten gräbt man hier ihn durch,
Und dann gewinnt man nordwärts diesen Einschnitt
Und macht den Fluß gerade.

Heißsporn.

So soll es sein; man macht's mit wenig Kosten.

Glendower.

Ich will nichts abgeändert.

Heißsporn.

Wollt Ihr nicht?

Glendower.

Nein, und Ihr sollt nicht.

Heißsporn.

Wer will Nein mir sagen?

Glendower.

Ei, das will ich.

Heißsporn.

Dann laßt mich's nicht verstehn,
Sagt es auf Welsch.

Glendower.

Ich spreche englisch, Herr, so gut wie Ihr.
Ward ich erzogen doch am Hof von England,
Wo ich in meiner Jugendzeit zur Harfe
Manch englisch Lieblein lieblich fein gesetzt
Und so der Zung' hülfreichen Schmuck verliehn;
Die Gabe hat man nie an Euch gesehn.

Heißsporn.

Nein wahrlich, und es freut mich recht von Herzen.
Ich wär' ein Kätzlein lieber und schrie' Miau
Als einer dieser Versballadenkrämer;
Ich hör' 'nen eh'rnen Leuchter lieber drehn
Und trockne Räder an der Achse knarren;

Das machte mir die Zähne gar nicht stumpf,
Nicht so wie zimperliche Poesie;
's ist wie der Paßgang eines steifen Gauls.

Glendower.

Kommt, grabt den Trent denn ab.

Heißsporn.

Mir liegt nichts dran: drei solche Stücke gäb' ich
Dem ersten besten wohlverdienten Freund;
Doch bei Geschäft und Handel, merkt Euch das,
Da zank' ich um ein Neuntel eines Haars. —
Sind die Verträge fertig? Soll'n wir fort?

Glendower.

Der Mond scheint hell; ihr könnt zur Nacht noch fort;
Ich will den Schreiber mahnen und zugleich
Die Fraun auf eure Abfahrt vorbereiten.
Ich fürchte, meine Tochter wird verrückt,
So zärtlich liebt sie ihren Mortimer.

(Ab.)

Mortimer.

Pfui, Vetter! meinen Vater so zu ärgern!

Heißsporn.

Ich kann's nicht lassen: oft erzürnt er mich,
Wann er erzählt von Ameis' und von Maulwurf,
Vom Faselhans Merlin und seinen Sprüchen,
Vom Drachen und vom flossenlosen Fisch,
Mauserndem Raben und gestutztem Greif,
Vom ruh'nden Leun und der gebäumten Katz',
Und einen solchen Haufen Wischiwaschi,
Daß mir mein Christenthum vergeht. Hört zu!
Er hielt mich gestern spät neun Stunden fest
Mit Aufzählung der Namen aller Teufel,
Die seine Lakai'n sind. Ich rief „Hm!" und „Gut, nur zu!"
Doch hört' ich nicht ein Wort. O, er ist lästig
Wie ein müdes Pferd, ein keifend Weib,
Mehr als ein rauchig Haus! Ich wollte lieber
Bei Käs' und Lauch in einer Windmühl' hausen,
Als Wildpret essen und ihn reden hören
Im schönsten Sommerhaus der Christenheit.

Mortimer.

Glaubt mir, er ist ein würd'ger Edelmann,
Ausnehmend wohlbelesen und bewandert
In tiefen Künsten, tapfer wie ein Leu
Und überaus leutselig, frei im Geben
Wie Minen Indiens. Soll ich's sagen, Vetter?
Er schickt sich sehr in Eu'r Temperament
Und thut sich Zwang an über die Natur,
Wann Ihr ihm durchs Concept fahrt; ja, er thut's.
Das sag' ich Euch, auf Erden lebt kein Mann,
Der so ihn reizen dürft', als Ihr gethan,
Ohn' ein gefährlich Stück Zurechtweisung;
Thut's aber nicht zu oft, ich bitt' Euch drum.

Worcester.

Fürwahr, Mylord, Ihr seid zu eigensinnig,
Und seit Ihr kamt, habt Ihr genug gethan,
Um völlig außer Fassung ihn zu bringen:
Ihr müßt durchaus den Fehler bessern, Herr;
Obwol er manchmal Muth und Adel zeigt —
Was noch der beste Schmuck ist, den er gibt —,
So trägt er doch oft rauhe Wuth zur Schau,
Mangel der Sitte, wenig Selbstbeherrschung,
Stolz, Hochmuth, Eigensinn und Ueberhebung:
Wovon das Kleinste schon an einem Großen
Der Menschen Herz ihm raubt und auf den Glanz
Der andern Vorzüg' einen Flecken wirft,
Der sie betrügt um ihr verdientes Lob.

Heißsporn.

Schön, predigt nur, viel Glück zu seinen Sitten! —
Seht, unsre Fraun! Wir wollen Abschied nehmen.
(Glendower kommt zurück mit den Frauen.)

Mortimer.

Das ist für mich der tödlichste Verdruß:
Mein Weib versteht kein Englisch, ich kein Welsch.

Glendower.

Sie weint: sie will von Euch sich nimmer trennen;
Sie will Soldat sein, will ins Feld mit Euch.

Mortimer.

Mein Vater, sagt ihr, sie mit Muhme Percy
Soll' unter Eurem Schutz uns schleunig folgen.
(Glendower spricht mit seiner Tochter und sie antwortet ihm auf welsch.)

Glendower.

Sie ist ganz toll, ein störrig, eigensinnig Mensch,
Und Ueberredung fruchtet nichts bei ihr.

(Laby Mortimer spricht welsch mit ihrem Gemahl.)

Mortimer.

Ach, ich versteh' den Blick; das holde Welsch,
Das du aus diesen schwellenden Himmeln strömst,
Ist mir nur zu vertraut; wär' nicht die Scham,
In dieser Sprache würd' ich Antwort geben.

(Sie spricht wieder.)

Auch deinen Kuß versteh' ich, wie du meinen,
Und das ist ein gefühlvoll Zwiegespräch;
Doch will ich nie mehr müßig gehn, mein Herz,
Bis ich die Sprach' erlernt; denn deine Zunge
Macht welsch so süß wie Lieder hohen Schwungs,
Die eine schöne Königin entzückend
In Sommerlauben singt zu ihrer Laute.

Glendower.

Ja, wenn Ihr auch zerschmelzt, dann wird sie rasend.

(Sie spricht wieder.)

Mortimer.

Ach, hierin bin ich ganz Unwissenheit!

Glendower.

Ihr sollt Euch auf die üpp'gen Binsen legen
Und sanft das Haupt auf ihrem Schoße ruhn;
Da will sie Euer Lieblingsliedchen singen,
Bis auf den Wimpern thront der Gott des Schlafs,
Eu'r Blut mit süßer Mattigkeit bezaubernd,
Mit solcher Scheidung zwischen Schlaf und Wachen,
Wie zwischen Tag und Nacht die Scheidung ist,
Die Stunde, eh' das himmlische Gespann
Im Osten seinen goldnen Zug beginnt.

Mortimer.

Von Herzen gern setz' ich mich hin und lausche:
Indeß wird unsre Schrift wol fertig sein.

Glendower.

Thut das:
Die Musikanten, die Euch spielen sollen,

Sind in der Luft, noch tausend Meilen weit,
Und sollen flugs doch hier sein. Sitzt und horcht!

Heißsporn.

Komm, Käthe, du verstehst dich aufs Niederlegen; komm, schnell,
schnell, daß ich meinen Kopf in deinen Schoß legen kann!

Lady Percy.

Geh mir, du wilde Gans!

(Glenbower spricht einige welsche Worte, dann spielt die Musik.)

Heißsporn.

Nun merk' ich, daß der Teufel welsch versteht;
Kein Wunder drum, daß er so launisch ist.
Weiß Gott, er ist ein guter Musikant.

Lady Percy.

Dann müßtet Ihr ganz und gar musikalisch sein, denn ihr laßt
Euch gänzlich von Launen regieren. Liegt stille, Ihr Spitzbube,
und hört zu, wie die Lady welsch singt.

Heißsporn.

Ich hörte lieber Lady, meine Dogge, irisch heulen.

Lady Percy.

Willst ein Loch im Kopfe haben?

Heißsporn.

Nein.

Lady Percy.

Dann sei still!

Heißsporn.

Auch nicht; das ist eine Weiberschwäche.

Lady Percy.

Nun, Gott helfe dir!

Heißsporn.

Ins Bett der welschen Dame!

Lady Percy.

Was?

Heißsporn.

Still! sie singt.

(Lady Mortimer singt ein welsches Lied.)

Heißsporn.

Kommt, Käthe, jetzt müßt Ihr auch eins singen.

Lady Percy.

Ich nicht, in vollem Ernst!

Heißsporn.

Ich nicht, in vollem Ernst! Herzchen, Ihr schwört wie eine Con=
ditorsfrau: „Ich nicht, in vollem Ernst!" und: „So wahr ich lebe!"
und: „So wahr mir Gott helfe!" und: „So gewiß der Tag scheint!"
Und gibst für deinen Schwur so tafftne Bürgschaft,
Als gingst du nie weiter als Finsbury.
Schwör', Käthe, wie 'ne Dame, die du bist,
Schwör' einen tücht'gen Mund voll, laß „im Ernst"
Und solche Pfeffernußbetheurungen
Den Sammetborten und den Sonntagsbürgern.
Komm, sing!

Lady Percy.

Ich will nicht singen.

Heißsporn.

Es ist auch der gerade Weg zum Schneiderwerden oder Roth=
kehlchenabrichten. — Wenn die Contracte aufgesetzt sind, will ich
in den nächsten zwei Stunden fort; und somit kommt herein, wann
Ihr wollt.   (Ab.)

Glendower.

Kommt, kommt, Lord Mortimer, Ihr seid so träge,
Wie dieser Hitzkopf Percy brennt, zu gehn.
Die Schrift muß fertig sein, wir siegeln nur,
Und dann zu Pferde sonder Zögerung!

Mortimer.

Von ganzem Herzen.
                    (Alle ab.)

Zweite Scene.

London. Zimmer im Palast.

König Heinrich, Prinz Heinrich und Lords (treten auf).

König Heinrich.

Verlaßt uns, Lords; der Prinz von Wales und ich
Wir haben uns vertraulich zu bereden;
Bleibt aber nah, wir brauchen euch sogleich.
                    (Die Lords ab.)

Ich weiß nicht, ob es Gott so haben will
Für mißgefäll'ge Dienste, die ich that,
Daß sein verborgner Rathschluß eine Geisel
Und Strafe mir aus meinem Blut erzeugt;
Du aber machst durch deines Lebens Gänge
Mich glauben, daß du ausersehn nur bist
Zur heißen Rach' und Ruthe des Allmächt'gen,
Um meine Schuld zu strafen. Sag' mir sonst,
Ob solche regellose niedre Triebe,
Solch ärmlich Streben, schmuzig, kahl, gemein,
So unfruchtbare Freuden, wüster Umgang,
Wie du ihn pflegst und drein verwachsen bist,
Die Hoheit deines Bluts begleiten könnten
Und sich erheben an dein fürstlich Herz?

Prinz Heinrich.

Erlaubt, mein gnäd'ger Herr, ich wollt', ich könnte
Von allem Makel mich so klar befrein,
Wie sonder Zweifel ich mich rein'gen kann
Von vielen, die man mir zur Last gelegt;
Doch so viel Milderung laßt mich erbitten,
Daß mit der Widerlegung mancher Fabeln,
Die oft das Ohr der Hoheit hören muß
Von Liebedienern und gemeinen Klätschern,
Ich für die wahre Schuld, wo meine Jugend
Strafbar geirrt hat und die Zucht verletzt,
Verzeihung find' auf wahre Unterwerfung.

König Heinrich.

Verzeih' dir Gott! Doch muß mich's wundern, Heinrich,
Daß sich die Flügel deiner Neigungen
Abwenden ganz vom Flug all deiner Ahnen.
Den Sitz im Staatsrath hast du roh verwirkt,
Den nun dein jüngrer Bruder eingenommen,
Und bist beinah ein Fremdling allen Herzen
Des Hofes und der Prinzen meines Bluts.
Die Hoffnung und Erwartung deiner Zeit
Ist ganz zerstört, und jedes Menschen Seele
Denkt sich prophetisch deinen Fall voraus.
Wär' ich so frei mit meiner Gunst gewesen,
So in der Menschen Augen abgenutzt,
So wohlfeil und alltäglich für den Pöbel:
Die Meinung, die zur Krone mir verhalf,
Hätt' ihre Treue dem Besitz bewahrt

Und ruhmlos in Verbannung mich gelassen
Als einen Menschen ohne Werth und Aussicht.
Weil man mich selten sah: regt' ich mich kaum,
So ward ich angestaunt wie ein Komet;
Sie riefen ihren Kindern zu: „Das ist er!"
Und andre schrien: „Wer, wo ist Bolingbroke?"
Dann stahl ich alle Höflichkeit vom Himmel
Und kleidete in solche Demuth mich,
Daß ihren Herzen ich Ergebenheit
Und Gruß und Jauchzen ihrem Mund entriß
Selbst an der Seite des gekrönten Königs.
So hielt ich denn mich immer frisch und neu;
Mein Anblick, wie ein Hohepriesterkleid,
Ward staunend nur gesehn; mein Aufzug schien,
Rar, aber prunkvoll, einem Festtag gleich,
Und Seltenheit verlieh ihm Fei'rlichkeit.
Der wind'ge König hüpfte auf und ab
Mit seichten Spaßern, lust'gen Flackergeistern,
Leicht lodernd, leicht verbrannt; sein Reich verschimpft' er,
Sein Königthum vermengt' er mit Hanswürsten,
Gab ihrem Spott den hohen Namen preis
Und lieh sein Ansehn wider seinen Namen,
Mit frechen Buben lachend, Püffe duldend
Von jedem eiteln Milchbart, der ihn schrob;
Ward ein Kumpan der öffentlichen Gassen,
Ein niedriger Vasall des großen Haufens,
Bis, weil die Augen täglich ihn verschlangen,
Das Volk des Honigs satt war und der Schmack
Der Süße ekelte, wovon ein wenig
Mehr als ein wenig viel zu viel schon ist.
So, wann er Anlaß hatte, sich zu zeigen,
War er nur, wie der Kukuk ist im Juni,
Gehört, doch nicht bemerkt, gesehn mit Augen,
Die, matt und stumpf von der Gewöhnlichkeit,
Unfähig sind zum Schaun, das sich bewundernd
Zu sonnengleicher Majestät erhebt,
Wann selten sie erstaunten Blicken strahlt;
Sie nickten ein mit schweren Augenlidern,
Schliefen ihm ins Gesicht und zeigten Mienen,
Wie sie ein finstrer Mann dem Feinde weist,
Von seinem Anblick satt bis an den Hals.
Und auf demselben Rang, Heinrich, stehst du:
Du hast dein prinzlich Vorrecht auch verscherzt
Durch niedrigen Verkehr; kein Auge gibt's,

Dem nicht dein Alltagsanblick lästig wär';
Nur meins hat stets begehrt, dich mehr zu sehn,
Und thut nun etwas, was ich hindern möchte,
Macht blind sich aus bethörter Zärtlichkeit.

Prinz Heinrich.

Mein theurer, gnäd'ger Herr, in Zukunft will
Ich mehr ich selbst sein.

König Heinrich.

          Ja, in allen Stücken
So, wie du heute bist, war damals Richard,
Als ich von Frankreich fuhr gen Ravenspurg;
Und grade wie ich da, ist Percy jetzt.
Bei meinem Scepter, ja bei meiner Seele,
Er hat mehr würdigen Anspruch auf den Thron,
Als du den Schatten hast der Erblichkeit;
Denn ohne Recht noch Anschein eines Rechts
Füllt er mit Kriegszeug die Gefild' im Reich,
Trutzt dem gefährlichen Gebiß des Löwen
Und führt, nicht mehr als du den Jahren schuldend,
Ergraute Lords und würd'ge Bischöf' an
Zu blut'gen Schlachten, schmetterndem Gefecht.
Welch nie verblüh'nden Ruhm erwarb er sich
Am Helden Douglas, dessen große Thaten,
Stürmische Züg' und stolzer Nam' im Krieg
Vor sämmtlichen Soldaten ersten Rang
Und höchsten Ruhm der Waffen innehat
In allen Reichen, wo man Christum ehrt.
Dreimal hat dieser Heißsporn, Mars in Windeln,
Dies Heldenkind, in Fehden übermannt
Den großen Douglas, einmal ihn gefangen,
Ihn freigegeben und zum Freund gemacht,
Um tiefer Feindschaft so den Schlund zu stopfen
Und unsres Thrones Frieden zu erschüttern.
Und was sagt Ihr dazu? Percy, Northumberland,
Mylord von York, Douglas und Mortimer
Pactiren wider uns und stehn im Feld.
Indeß, wozu erzähl' ich solches dir?
Was red' ich, Heinrich, dir von meinen Feinden,
Der du mein nächster, ärgster Gegner bist,
Der wol am End' aus unterthän'ger Furcht,
Aus niederm Hang und grillenhafter Laune
Wider mich fechten wird in Percy's Sold,

Die Füß' ihm lecken, kriechen, wann er zürnt,
Um darzuthun, wie du entartet bist!

Prinz Heinrich.

Nein, denkt das nicht! Ihr sollt es nicht so finden,
Und Gott verzeih' es denen, die mir so
Die Achtung Eurer Majestät entwandt!
Ich will auf Percy's Haupt dies alles sühnen
Und einst am Schlusse eines stolzen Tags
Euch kühnlich sagen: ich bin Euer Sohn!
Wann ich in Kleidern komme ganz von Blut
Und färbe mein Gesicht in blut'ger Maske,
Die, weggewaschen, meine Schmach mit fortspült:
Das soll der Tag sein, komm' er, wann er will,
Wo dieses Kind der Ehren und des Ruhms,
Der tapfre Heißsporn, der gepriesne Ritter,
Und Eu'r vergeßner Heinrich sich begegnen.
Wär' jede Ehr' auf seinem Helme thronend
Doch Legion, und wär' auf meinem Haupt
Die Schmach verdoppelt! Denn es kommt die Zeit,
Wo dieser nordische Jüngling seine Glorien
Mir tauschen muß für meine Schimpflichkeit.
Percy ist nur mein Factor, lieber Herr,
Der Ruhmeswerk' aufspeichern muß für mich;
Und abzurechnen denk' ich so mit ihm,
Daß er mir jeden Ruhm ausliefern soll,
Ja, auch die kleinste Huldigung der Welt,
Oder ich reiß' die Rechnung ihm vom Herzen!
Also im Namen Gottes schwör' ich's hier;
Und wenn es Gott gefällt, daß ich's vollbringe,
Dann heil' es auch, mit Eurer Hoheit Gunst,
Die alten Schäden meiner Ausschweifung;
Wo nicht, so tilgt der Tod jedwede Schuld,
Und sterben will ich hunderttausend Tode,
Eh' ich von diesem Schwur das Kleinste breche.

König Heinrich.

Dies tödtet hunderttausend Hochverräther!
Jetzt sei Befehl und alles dir vertraut.

(Blunt tritt auf.)

Nun, wackrer Blunt? dein Blick ist voller Hast.

Blunt.

Wie das Geschäft, davon ich reden muß.

Lord Mortimer von Schottland hat gemeldet,
Daß Douglas und die englischen Rebellen
Am elften sich vereint zu Shrewsbury:
Das wird ein so erschrecklich mächtig Heer,
Wenn alle Theile das Versprochne halten,
Wie jemals einem Staat Unheil gedroht.

König Heinrich.

Der Graf von Westmoreland zog heut' ins Feld,
Mit ihm mein Sohn Johann von Lancaster;
Denn diese Botschaft ist fünf Tage alt.
Am nächsten Mittwoch, Heinrich, brecht Ihr auf;
Am Donnerstag darauf marschiren wir;
Bridgenorth ist Sammelplatz; und, Heinrich, Ihr
Marschirt durch Glostershire: nach dieser Rechnung
Wird, alles wohl erwogen, nach zwölf Tagen
Bei Bridgenorth unsre ganze Macht sich treffen.
Vorwärts! Wir haben Hände voll zu thun,
Und der Erfolg wird träg, wenn Menschen ruhn.

(Alle ab.)

Dritte Scene.

Eastcheap. Zimmer in der Schenke Zum wilden Schweinskopf.

Falstaff und Bardolf (treten auf).

Falstaff.

Bardolf, bin ich nicht schmählich abgefallen seit dieser letzten
Affaire? Zehr' ich nicht ab? Schrumpf' ich nicht ein? Wetter! meine
Haut hängt an mir herunter wie das schlottrige Kleid einer alten
Dame; ich bin so welk wie ein alter Bratapfel. Gut, ich will in
mich gehen, und das geschwind, solange ich noch einigermaßen
ordentlich aussehe; ich werde nächstens ganz herunter sein, und
dann wird es mir an Kraft fehlen, in mich zu gehen. Wenn ich
nicht vergessen habe, wie das Innere einer Kirche aussieht, so bin
ich ein Pfefferkorn, ein Brauerpferd. Das Innere einer Kirche!
Mein Umgang, mein nichtswürdiger Umgang ist mein Ruin gewesen.

Bardolf.

Sir John, Ihr seid so griesgrämlich, Ihr könnt nicht lange
mehr leben.

Falstaff.

Ja, da haben wir's. Komm, sing' mir ein Zotenlied, mach'
mich lustig! Ich war von Natur so tugendhaft, wie ein Mann
von Stande zu sein braucht, tugendhaft genug, fluchte wenig, wür=
felte nicht über siebenmal in der Woche, ging in schlechte Häuser
höchstens einmal alle Viertel — stunden, bezahlte meine Schulden
drei= bis viermal, lebte gut und in gehörigen; — Schranken, und
nun lebe ich außer aller Ordnung, außer allen Schranken.

Bardolf.

Ja, Ihr seid so dick, Sir John, daß Ihr wol außer allen
Schranken sein müßt, außer allen vernünftigen Schranken, Sir John.

Falstaff.

Bessere du dein Gesicht, und ich will mein Leben bessern. Du
bist unser Admiral; du trägst die Laterne am Hintersteven; aber
sie steckt dir in der Nase, du bist der Ritter von der Brennenden
Lampe.

Bardolf.

Ei, Sir John, mein Gesicht thut Euch nichts zu Leide.

Falstaff.

Nein, das will ich beschwören. Ich mache einen so guten Ge=
brauch davon, wie mancher andere von einem Todtenkopf oder
einem Memento mori. Ich sehe dein Gesicht nie, daß ich nicht
ans höllische Feuer denke und an den reichen Mann, der in eitel
Purpur lebte; denn da sitzt er in seiner ganzen Pracht und brennt
und brennt. Wärst du einigermaßen der Tugend ergeben, so
würde ich bei deinem Gesichte schwören; mein Schwur sollte sein:
„Bei dieser Feuerflamme, die der Engel des Herrn ist!" Aber
du liegst ganz und gar im argen und wärst in der That ohne
das Licht in deinem Gesichte ein Kind der tiefsten Finsterniß.
Als du in der Nacht in Gadshill den Berg hinaufliefst, um mein
Pferd zu fangen, wenn ich da nicht dachte, du wärst ein Irrwisch
oder ein Sprühteufel gewesen, so ist für Geld nichts mehr zu
haben. O, du bist ein permanenter Fackelzug, ein unauslösch=
liches Freudenfeuer! Du hast mir an die tausend Mark für Fackeln
und Kerzen erspart, wenn ich nachts mit dir zwischen Schenke und
Schenke wanderte; aber für den Sect, den du mir ausgetrunken
hast, hätte ich bei dem theuersten Lichtzieher in Europa ebenso
wohlfeil Lichter haben können. Ich habe diesen deinen Salamander
seit nunmehr zweiunddreißig Jahren mit Feuer unterhalten; Gott
lohn' es mir!

Bardolf.

Sapperment, ich wollte, mein Gesicht säß' Euch im Bauche.

Falstaff.

Da sei Gott vor! Dann käm' ich ja vor Sodbrennen um.

(Die Wirthin kommt.)

Nun, Frau Kratzefuß die Henne, habt Ihr's herausgekriegt, wer meine Taschen ausgeleert hat?

Wirthin.

Ei, Sir John, was denkt Ihr, Sir John? Denkt Ihr, ich halte Diebe in meinem Hause? Ich habe gesucht, ich habe gefragt, mein Mann auch, Mann für Mann, Jungen für Jungen, Magd für Magd. Kein Zehntel von einem Haar ist sonst in meinem Hause noch nicht weggekommen.

Falstaff.

Das lügt Ihr, Wirthin: Bardolf ist hier rasirt worden und hat hier Haare genug gelassen. Und ich will's beschwören, daß mir die Taschen ausgeleert sind. Geht mir, Ihr seid ein Frauenzimmer, geht!

Wirthin.

Wer? ich? Nein, das sag' noch mal! Herr und Heiland! So hat mich noch niemand in meinem eignen Hause genannt.

Falstaff.

Geht mir, ich kenn' Euch wohl!

Wirthin.

Nein, Sir John, Ihr kennt mich nicht, Sir John; ich kenne Euch, Sir John; Ihr seid mir Geld schuldig, und nun zettelt Ihr einen Zank an, um mich darum zu betrügen. Ich habe Euch ein Dutzend Hemden auf den Leib gekauft.

Falstaff.

Sackleinwand, ruppige Sackleinwand! Ich habe sie an Bäcker= frauen weggegeben, und sie haben Siebbeutel daraus gemacht.

Wirthin.

Nun so wahr ich eine ehrliche Frau bin, holländisch Leinen, acht Schilling die Elle! Ihr seid hier auch noch Geld schuldig für Eure Zehrung, Sir John, und Zwischendurchtrinken, und ge= borgtes Geld, vierundzwanzig Pfund.

Falstaff (auf Barbolf zeigend).

Der hat auch sein Theil davon gehabt, laßt ihn bezahlen.

Wirthin.

Der? Ach du meine Güte! der ist arm, der hat nichts.

Falstaff.

Was? arm? Seht sein Gesicht an! Was nennt Ihr denn reich?
Er mag seine Nase ausmünzen, seine Backen ausmünzen; ich zahle
keinen Heller. Was? Wollt Ihr mich als einen Gelbschnabel trac=
tiren? Soll ich nicht meine Ruhe haben in meiner eignen Herberge,
ohne daß man mir die Taschen ausleert? Mir ist ein Siegelring
von meinem Großvater weggekommen, der vierzig Mark werth ist.

Wirthin.

O Jemine! Der Prinz hat ich weiß nicht wie oft gesagt, der
Ring wäre von Kupfer.

Falstaff.

Wie? Der Prinz ist ein Hanswurst, ein Duckmäuser. Wetter,
wenn er hier wäre, wollt' ich ihn prügeln wie einen Hund, wenn
er das sagte.

(Prinz Heinrich und Poins treten auf, marschirend; Falstaff geht dem Prinzen
entgegen, der auf seinem Commandostab wie auf einer Flöte spielt.)

Falstaff.

Was, Junge? Weht der Wind aus der Ecke? Wahrhaftig?
Müssen wir alle marschiren?

Bardolf.

Ja, zwei und zwei, wie die Arrestanten ins Hundeloch.

Wirthin.

Gnädiger Herr, bitte, hört mich an!

Prinz Heinrich.

Was sagst du, Frau Hurtig? Was macht dein Mann? Ich
hab' ihn gern, er ist ein ordentlicher Mann.

Wirthin.

Bester Herr, hört mich an!

Falstaff.

Bitte, laß sie gehen, höre mir zu!

Prinz Heinrich.

Was willst du, Hans?

Falstaff.

Neulich abends schlief ich hier ein, hinter der Tapete, und da sind mir die Taschen ausgeleert. Dieß Haus ist eine Spelunke geworden, sie leeren einem die Taschen aus.

Prinz Heinrich.

Was ist dir denn weggekommen, Hans?

Falstaff.

Wirst du mir's glauben, Heinz? Drei bis vier Anweisungen, auf dreißig bis vierzig Pfund jede, und ein Siegelring von meinem Großvater.

Prinz Heinrich.

Eine Bagatelle, acht Pfennige werth.

Wirthin.

Das hab' ich ihm auch gesagt, gnädiger Herr, und ich sagte, ich hätt' es Euer Gnaden sagen hören, und, gnädiger Herr, er spricht recht niederträchtig von Euch, so'n abscheuliches Lästermaul, wie er ist, und er sagt, er wollte Euch prügeln.

Prinz Heinrich.

Was? Ich will nicht hoffen.

Wirthin.

Wenn's nicht wahr ist, ist keine Wahrhaftigkeit und Redlichkeit und keine Frauenschaft in mir.

Falstaff.

Du hast nicht mehr Wahrhaftigkeit in dir als geschmorte Pflaumen und nicht mehr Redlichkeit als ein aufgehetzter Fuchs; und was Frauenschaft betrifft, na, so könnte Jungfer Marianne beim Mohrentanz gegen dich eine Frau Quartiersvorsteherin sein. Geh mir, du Ding, geh mir!

Wirthin.

Sag', was für ein Ding? was für ein Ding?

Falstaff.

Was für ein Ding? Nun, ein Ding, wofür man Gott dankt.

Wirthin.

Ich bin kein Ding, wofür man Gott dankt, das kannst du dir merken; ich bin eines ehrlichen Mannes Frau, und, deine Ritterschaft aus dem Spiel, du bist ein Schelm, daß du mich so nennst.

Falstaff.

Und deine Frauenschaft aus dem Spiel, du bist eine Bestie, daß du es anders sagst.

Wirthin.

Sag', was für 'ne Bestie, du Schelm du?

Falstaff.

Was für eine Bestie? Ei, eine Otter.

Prinz Heinrich.

Eine Otter, Sir John? Warum eine Otter?

Falstaff.

Warum? Sie ist weder Fisch noch Fleisch; man weiß nicht, wohin mit ihr.

Wirthin.

Du bist ein ungerechter Mann, so was zu sagen; du und jedermann weiß, daß man mit mir nirgends nicht hinbraucht, du Schelm du!

Prinz Heinrich.

Du hast ganz recht, Wirthin, und er verlästert dich auf das gröblichste.

Wirthin.

Ja, und Euch auch, gnädiger Herr, und er sagte neulichst, Ihr wärt ihm tausend Pfund schuldig.

Prinz Heinrich.

Was? Ich bin Euch tausend Pfund schuldig?

Falstaff.

Tausend Pfund, Heinz? Eine Million! Deine Liebe ist eine Million werth; du bist mir deine Liebe schuldig.

Wirthin.

Ja, gnädiger Herr, er nannte Euch Hanswurst und sagte, er wollte Euch durchprügeln.

Falstaff.

Sagt' ich das, Bardolf?

Bardolf.

Gewiß, Sir John, das habt Ihr gesagt.

Falstaff.

Ja, wenn er sagte, mein Ring wäre von Kupfer.

Prinz Heinrich.

Ich sage, er ist von Kupfer; unterstehst du dich jetzt, dein Wort zu halten?

Falstaff.

Ja, weißt du, Heinz, insofern du nur ein Mann bist, untersteh' ich's mich; aber insofern du ein Prinz bist, fürchte ich dich wie das Brüllen der jungen Löwenbrut.

Prinz Heinrich.

Und warum nicht wie den Löwen?

Falstaff.

Den König selbst muß man fürchten wie den Löwen. Glaubst du, ich werde dich fürchten wie deinen Vater? Nein, wenn ich das thue, soll mir der Gürtel platzen!

Prinz Heinrich.

O, wenn das geschähe, wie würde dir der Wanst um die Kniee schlottern! Aber wahrhaftig, du hast in deinem Leibe gar keinen Platz für Glauben, Treu' und Redlichkeit; er ist ganz mit Kaldaunen und Netzhaut angefüllt. Eine ehrliche Frau der Taschendieberei beschuldigen! Ei, du liederlicher, unverschämter, aufgetriebener Schuft, wenn in deiner Tasche irgendetwas war als Wirthshausrechnungen, Denkzettel aus Spelunken und für einen armseligen Pfennig Zuckerkand, um dir die Kehle glatt zu machen; wenn deine Tasche mit andern Ungebührlichkeiten ausgestattet war als diesen: so bin ich ein Schurke. Und doch willst du behaupten, du würdest kein Unrecht einstecken? Schämst du dich gar nicht?

Falstaff.

Laß dir sagen, Heinz: du weißt, im Stande der Unschuld ist Adam gefallen; was soll da der arme Hans Falstaff in den Tagen der Verderbniß thun? Du siehst, ich habe mehr Fleisch als andere Menschen, und darum auch mehr Schwachheit. Ihr räumt also ein, daß Ihr mir die Taschen ausgeleert habt?

Prinz Heinrich.

Es kommt wol so heraus.

Falstaff.

Wirthin, ich vergebe dir. Geh, mach 's Frühstück fertig; liebe deinen Mann, achte auf dein Gesinde, pflege deine Gäste! Du wirst mich für alle vernünftigen Gründe zugänglich finden; du siehst, ich bin besänftigt. Noch was? Nein, bitte, geh jetzt.

(Die Wirthin ab.)

Jetzt, Heinz, zu den Hofneuigkeiten! Von wegen des Straßenraubes, Junge, wie ist das ins Gleiche gebracht?

Prinz Heinrich.

O mein theurer Rindsbraten, ich muß immer dein guter Engel sein: das Geld ist zurückbezahlt.

Falstaff.

Hm, ich liebe das Zurückzahlen nicht, es ist doppelte Arbeit.

Prinz Heinrich.

Ich bin mit meinem Vater auf gutem Fuße und kann thun, was ich will.

Falstaff.

Dann plündere mir vor allen Dingen den Staatsschatz, und das ohne viel Federlesens!

Bardolf.

Ja, das thut, gnädiger Herr!

Prinz Heinrich.

Ich habe dir ein Commando zu Fuß verschafft, Hans.

Falstaff.

Zu Pferde wär's mir lieber gewesen. Wo treibe ich nur einen auf, der ordentlich stehlen kann? Ach, so 'nen schmucken Dieb von zweiundzwanzig oder da herum! Ich bin niederträchtig auf dem Trocknen. Nun, Gott sei gedankt für diese Rebellen! Sie thun niemandem was zu Leide außer den Tugendhaften; ich lobe sie, ich preise sie!

Prinz Heinrich.

Bardolf!

Bardolf.

Gnädiger Herr?

Prinz Heinrich.

Bring diesen Brief an Lord Johann von Lancaster,
An meinen Bruder, den zum Grafen Westmoreland. —
Komm, Poins, zu Pferd! zu Pferd! Wir beide müssen
Sechs Meilen reiten noch vor Essenszeit. —
Hans, such' mich morgen auf im Tempelsaal
Um zwei Uhr nachmittags:
Dort sollst du hören, wo du dienst, und Geld
Und Auftrag für die Ausrüstung empfangen. —
Ganz England brennt, Percy zieht hoch einher,
Wir müssen tief uns ducken, oder er.

(Der Prinz, Poins und Bardolf ab.)

Falſtaff.

Blitzworte! Tapfre Welt! Wirthin, Getränke!
Ich wollte, meine Trommel wär' die Schenke!
(Ab.)

Vierter Aufzug.

Erſte Scene.

Das Rebellenlager bei Shrewsbury.

Heißſporn, Worceſter und Douglas (treten auf).

Heißſporn.

Brav, edler Schotte! Wahrheit reden gilt
In dieſer feinen Welt für Schmeichelei;
Sonſt müßte Douglas ſolches Lob gewinnen,
Daß kein Soldat von heurigem Gepräg'
So hohe Geltung hätt' in allen Landen.
Bei Gott, ich kann nicht ſchmeicheln, ich verſchwöre
Glattſchwätzer, aber einen beſſern Platz
In meinem Herzen hat kein Menſch als Ihr.
Ja, haltet mich beim Wort! Prüft mich, Mylord!

Douglas.

Du biſt der König aller Ehre!
Hienieden athmet kein ſo mächt'ger Mann,
Dem ich nicht trotzen will —

Heißſporn.

Thut das, und gut!
(Ein Bote kommt mit Briefen.)

Heißſporn.

Was bringſt du? Briefe? — (Zu Douglas.) Ich kann Euch nur danken.

Bote.

Die Briefe ſind von Eurem Vater.

Heißſporn.

Briefe von ihm? Warum kommt er nicht ſelbſt?

Bote.

Mylord, er kann nicht: er ist schwer erkrankt.

Heißsporn.

Wetter! wie hat er Muße, krank zu sein
In so rauflust'ger Zeit? Wer führt sein Heer?
Und unter wessen Leitung kommen sie?

Bote.

Die Briefe melden, was er will, nicht ich.

Worcester.

Ich bitte, sag' mir, hütet er das Bett?

Bote.

Vier Tage schon, bevor ich aufbrach, Herr;
Und um die Zeit, wo ich das Schloß verließ,
War große Sorg' um ihn bei seinen Aerzten.

Worcester.

Ich wollte, diese Zeit wär' erst genesen,
Eh' er von Krankheit wäre heimgesucht;
Sein Wohlsein war nie so viel werth wie jetzt.

Heißsporn.

Krank jetzt! Lahm jetzt! O, diese Krankheit macht
Das Herzblut unsres Unternehmens faul!
Sie steckt uns an bis hierher, hier im Lager.
Er schreibt mir da, daß innre Krankheit —
Durch Stellvertretung könn' er seine Freunde
So rasch nicht sammeln, noch es rathsam finden,
Ein so gefährlich und gewichtig Werk
Wem anders aufzutragen als sich selbst.
Gleichwol ertheilt er uns den kühnen Rath,
Mit unserm kleinen Bund vorwärts zu gehn,
Zu sehn, wie uns das Glück gewogen sei.
Denn, wie er schreibt, jetzt gelte kein Verzagen,
Weil sicherlich der König im Besitz
All unsrer Plane sei. Was sagt Ihr nun?

Worcester.

Die Krankheit Eures Vaters ist uns Lähmung.

Heißsporn.

Ein böser Hieb, ein abgehauner Arm!
Und dennoch, nein! Sein Fehlen scheint uns schlimmer,

Als wir es finden werden. Wär' es gut,
Die volle Summ' all unsrer Macht zu setzen
Auf einen Wurf? so hohes Spiel zu wagen
An einer Stunde zweifelhaftes Glück?   ·
Das wär' nicht gut; wir würden unsrer Hoffnung
Gleich auf den Grund, bis in die Seele schaun,
Die letzte Grenz' und äußersten Bereich
All unsres Glücks.

Douglas.

Fürwahr, so würd' es sein;
Jetzt bleibt uns eine schöne Anwartschaft;
Wir dürfen kühn ausgeben in der Hoffnung
Auf künftig Gut.
Ein Trost für einen Rückzug liegt darin.

Helsporn.

Ein Sammelplatz, ein Obdach für die Noth,
Wenn mal der Teufel und das Unglück scheel sehn
Schon auf die Jungfernschaft des Unternehmens.

Worcester.

Doch wollt' ich, Euer Vater wäre hier.
Die Art und Farbe unseres Versuchs
Gestattet keine Theilung. Man wird denken,
Wo man nicht weiß, weswegen er nicht kommt,
Daß Weisheit, Treue, bloße Abneigung
Vor unserm Werk den Grafen ferne hält;
Und denkt, wie solche Deutung dann die Flut
Der ängstlichen Parteiung wenden kann
Und Zweifel zeugen gegen unsre Sache.
Ihr wißt ja, wir, die Angriffsseite, müssen
Dem scharfen Urtheil aus dem Wege gehn
Und jedes Spähloch, jeden Spalt verstopfen,
Durch den uns aus die Vernunft belauschen kann.
Daß Euer Vater fehlt, hebt einen Vorhang,
Der eine Art von Furcht Unkund'gen zeigt,
Wovon sie nichts geahnt.

Heißsporn.

Ihr geht zu weit;
Ich zieh' vielmehr Gewinn aus seinem Fehlen:
Es leiht erhöhten Glanz und größern Ruhm,
Viel weitre Kühnheit unserm großen Werk,

Als wenn der Graf hier wär'. Das Volk muß denken:
Wenn ohne seine Hülf' es uns gelingt,
An diesem Reich zu rütteln, werden wir's
Mit seiner Hülf' in Grund und Boden schlagen.
Noch geht es gut, noch sind die Glieder fest.

Douglas.

Nach Herzenswunsch. In Schottland wird ein Wort
Wie dieser Ausdruck Furcht nie ausgesprochen.

(Sir Richard Bernon tritt auf.)

Heißsporn.

Mein Vetter Bernon, auf mein Wort, willkommen!

Vernon.

Gott gebe, meine Botschaft wär' es auch!
Der Graf von Westmoreland, achttausend stark,
Marschirt heran, mit ihm der Prinz Johann.

Heißsporn.

Thut nichts: was weiter?

Vernon.

Ferner hört' ich noch,
Der König in Person sei ausgerückt
Und wende sich hierher in großer Eil'
Mit starker und gewalt'ger Zurüstung.

Heißsporn.

Willkommen sei auch er. Wo ist sein Sohn,
Der Springinsfeld, der tolle Prinz von Wales,
Und sein Gefolge, das die Welt beiseit schob
Und fortgehn hieß?

Vernon.

Ganz wehrhaft, ganz in Waffen,
Ganz Flügel wie der Fall, der mit dem Wind
Auf Beute stößt, wie Adler frisch vom Bade,
Schimmernd in goldner Tracht wie Heil'genbilder,
So lebenstrotzend wie der Monat Mai
Und strahlend wie die Sonn' im hohen Sommer,
Mächtig wie Geißlein, wild wie junge Stiere.
Ich sah den jungen Heinrich, Sturmhut auf,
Die Schienen auf den Schenkeln, stolz gewaffnet,
Aufspringen, ein geflügelter Mercur,
Und schwang so leicht in seinen Sattel sich,

Als ob ein Engel aus den Wolken schwebe,
Um einen feurigen Pegasus zu tummeln,
Die Welt mit edler Reiterkunst bezaubernd.

Heißsporn.

Genug, genug! Aerger als Märzensonne
Nährt dies Lobpreisen Fieber. Laßt sie kommen!
Sie kommen wie die Opfer, ganz in Staat;
Der flammenäugigen Jungfrau rauchiger Schlachten
Ganz heiß und blutend wollen wir sie opfern!
Gepanzert sitze Mars auf dem Altar
Bis an den Hals in Blut. Es macht mich heiß,
Daß dieser reiche Fang so nah' schon ist
Und noch nicht unser! Kommt, ich will mein Pferd probiren;
Das soll mich tragen wie ein Donnerkeil
An dieses Prinzen Brust! Heinrich an Heinrich,
Dampfendes Roß an Roß, zum Knäul geschürzt
Und nicht getrennt, bis einer stirbt und stürzt!
O wär' Glendower doch hier!

Vernon.

Noch weitre Botschaft:
Ich hört' in Worcester, auf dem Ritt hierher,
Er könn' in vierzehn Tagen nicht marschiren.

Douglas.

Das ist die schlimmste Zeitung noch von allen.

Worcester.

Ja, meiner Treu, das hat 'nen frost'gen Klang.

Heißsporn.

Wie stark ist wol des Königs ganze Macht?

Vernon.

An dreißigtausend.

Heißsporn.

Laßt es vierzig sein!
Mein Vater und Glendower sind fern — gleichviel;
Wir selbst sind Manns genug fürs hohe Spiel.
Kommt, mustern wir! Die Welt geht nächstens unter:
Wenn alles sterben muß, da stirbt sich's munter.

Douglas.

Was sterben? Ich bin aller Sorge bar
Vor Tod und Todeshand fürs nächste halbe Jahr.
(Alle ab.)

Zweite Scene.

Die Landstraße bei Coventry.

Falstaff und **Bardolf** (treten auf).

Falstaff.

Bardolf, mach' dich voraus nach Coventry! Laß mir eine Flasche mit Sect füllen! Unsere Soldaten sollen durchmarschiren; wir wollen nach Sutton=Colfield zur Nacht.

Bardolf.

Wollt Ihr mir Geld geben, Herr Hauptmann?

Falstaff.

Leg' aus, leg' aus!

Bardolf.

Die Flasche macht einen Engel.

Falstaff.

Wenn sie das thut, behalt' ihn für deine Mühe, und wenn sie zwanzig macht, nimm sie alle; ich stehe fürs Gepräge. Sage meinem Lieutenant Peto, er soll mich am Ende der Stadt treffen.

Bardolf.

Ganz wohl, Herr Hauptmann; lebt wohl!

(Ab.)

Falstaff.

Wenn ich mich meiner Soldaten nicht schäme, so bin ich ein Stockfisch. Ich habe des Königs Aushebungsbefehl schändlich ge= mißbraucht. Ich hab' anstatt hundertundfunfzig Soldaten dreihun= dert und etliche Pfund aufgebracht. Ich hebe niemand aus als Leute mit Haus und Hof, Bauernsöhne, erfrage mir verlobte Junggesellen, solche, die schon zweimal aufgeboten sind, so eine Sorte von Ofenhockern, die ebenso lieb den Teufel hörten wie eine Trommel, die den Knall einer Arkebuse ärger fürchten als ein ein= mal getroffenes Huhn oder eine angeschossene wilde Ente. Ich habe mir niemand ausgehoben als solche Butterbemmen, mit Herzen im Leibe nicht dicker als Stecknadelknöpfe, und die haben sich vom Dienste freigekauft, und nun besteht mein ganzes Commando aus Fähnrichen, Corporalen, Lieutenants, Gefreiten, Kerlen, die so zerlumpt sind wie Lazarus auf den gemalten Tapeten, wo des reichen Prassers Hunde ihm die Schwäre lecken, und die freilich

auch nie in ihrem Leben Soldaten waren, sondern entlassene sünd=
haftige Dienstboten, jüngere Söhne von jüngern Brüdern, verlaufene
Bierzapfer und Schenkwirthe ohne Kundschaft, das Ungeziefer einer
rubigen Welt und eines langen Friedens, zehnmal schmählicher zer=
lumpt als eine alte geflickte Standarte. Und solche Kerle hab' ich
jetzt als Lückenbüßer für die, welche sich losgekauft haben, daß man
glauben sollte, ich hätte hundertundfunfzig abgelumpte verlorene
Söhne, die eben vom Schweinehüten und Träbernfressen kämen.
Ein toller Gesell begegnete mir unterwegs und sagte mir, ich hätte
alle Galgen abgeladen und die todten Leichname angeworben. Kein
menschlich Auge hat je solche Vogelscheuchen gesehen. Ich will nicht
durch Coventry mit ihnen marschiren, so viel ist klar: o, und die
Schufte marschiren so mit gesperrten Beinen, als wenn sie Fuß=
eisen anhätten; freilich kriegte ich auch die meisten von ihnen aus
dem Gefängniß. Es sind nur anderthalb Hemden in meiner ganzen
Compagnie, und das halbe Hemd sind zwei Servietten, zusammen=
gespleißt und über die Schultern geworfen wie ein Heroldsrock ohne
Aermel; und das Hemd ist, die Wahrheit zu sagen, dem Wirthe
zu Sanct=Albans gestohlen, oder dem rothnasigen Bierschenken von
Daventry. Aber das macht nichts, Linnen werden sie genug auf
jeder Hecke finden.

(Prinz Heinrich und Westmoreland treten auf.)

Prinz Heinrich.

Wie geht's, dicker Hans? Wie geht's, Federbett?

Falstaff.

Was, Heinz! Nun, du toller Schalk, was Teufel machst du
in Warwickshire? — Mein werther Lord von Westmoreland, ich
bitte um Verzeihung; ich glaubte, Euer Edeln befänden sich schon
zu Shrewsbury.

Westmoreland.

Ja, Sir John, 's ist hohe Zeit, daß ich dort wäre, und
Ihr auch; aber meine Truppen sind schon dort. Der König, das
kann ich Euch sagen, erwartet uns alle; wir müssen die ganze Nacht
marschiren.

Falstaff.

Pah, meinetwillen seid unbesorgt: ich bin bei der Hand, wie
die Katze beim Rahmmausen.

Prinz Heinrich.

Ja freilich, beim Rahmmausen; denn was du gestohlen, hat
dich schon ganz zu Butter gemacht. Aber sag' mir, Hans, wessen
Leute sind das, die hinter uns drein kommen?

Falstaff.

Meine, Heinz, meine.

Prinz Heinrich.

Zeitlebens sah ich keine so erbärmlichen Schufte.

Falstaff.

Ei was, gut genug zum Aufspießen; Futter für Pulver, Futter für Pulver! Sie füllen eine Grube so gut wie bessere Leute; nun ja, Freund, sterbliche Menschen, sterbliche Menschen!

Westmoreland.

Freilich. Aber, Sir John, mir kommt's doch vor, als wären sie ungebührlich armselig und bloß, gar zu bettelhaft.

Falstaff.

Ja, was ihre Armuth betrifft, ich weiß nicht, woher sie die haben; und ihre Blöße, die haben sie sicherlich nicht von mir gelernt.

Prinz Heinrich.

Nein, das will ich beschwören, wenn Ihr nicht vielleicht drei Finger dick auf den Rippen Blöße nennt. Aber beeilt Euch, Freund, der Percy steht schon im Felde.

Falstaff.

Was? Ist der König im Lager?

Westmoreland.

Freilich, Sir John; ich fürchte, wir säumen zu lange.

Falstaff.

Nun ja,
Beim Kampf zuletzt, beim Schmaus zuerst — das paßt
Dem trägen Kriegsmann und dem gier'gen Gast.

(Alle ab.)

Dritte Scene.

Das Rebellenlager bei Shrewsbury.

Heißsporn, Worcester, Douglas und Vernon (treten auf).

Heißsporn.

Wir greifen an heut' Nacht.

Worcester.

Es darf nicht sein.

Douglas.

Dann setzt Ihr ihn in Vortheil.

Vernon.

Nicht ein Härchen

Heißsporn.

Wie sprecht Ihr so? Erwartet er nicht Zuzug?

Vernon.

Das thun wir auch.

Heißsporn.

Seiner ist sicher, unsrer zweifelhaft.

Worcester.

Vetter, nehmt Rath an: rührt Euch nicht heut' Nacht!

Vernon.

Thut's nicht, Mylord!

Douglas.

Ihr rathet uns nicht gut;
Ihr redet so aus Furcht und mattem Herzen.

Vernon.

Douglas, verleumdet nicht! Bei meinem Leben,
Und mit dem Leben will ich's kühn behaupten:
Treibt wohlverstandne Ehre vorwärts mich,
Pfleg' ich so wenig Rath mit schwacher Furcht
Wie Ihr, Herr, oder sonst ein Schotte, der noch lebt.
Laßt morgen in der Schlacht sehn, wer von uns
Furcht hat!

Douglas.

Ja, oder heute Nacht.

Vernon.

Es sei!

Heißsporn.

Heut' Nacht, sag' ich.

Vernon.

Geht, geht, es darf nicht sein. Ich bin erstaunt,
Daß Männer solcher Führerschaft wie ihr
Es nicht vorhersehn, welche Hindernisse
Den Feldzug rückwärts ziehn. Mein Vetter Vernon
Mit seinen Reitern ist noch nicht am Platz;
Lord Worcester's Reiter kamen heut' erst an,
Und nun ist Mark und Feuer eingeschlafen,
Ihr Muth von schwerer Arbeit träg und zahm:
Kein Gaul ist halb die Hälfte seiner selbst.

Heißsporn.

So sind des Feindes Pferd' im Ganzen auch,
Vom Tagemarsch erschöpft und abgetrieben;
Von unserm hat der beßre Theil geruht.

Worcester.

Des Königs Anzahl übertrifft die unsre:
Um Gottes willen, Vetter, wartet ab,
Bis alle da sind.
(Es wird zur Unterhandlung geblasen. Sir Walter Blunt tritt auf.)

Blunt.

Ich bringe gnäd'ge Vorschläg' Euch vom König,
Wofern Ihr Achtung und Gehör mir gönnt.

Heißsporn.

Sir Walter Blunt, willkommen! Wollte Gott,
Daß Ihr von unserer Entschließung wärt!
Manch einer liebt Euch hier, und diese selbst
Misgönnen Euch Verdienst und guten Namen,
Weil Ihr nicht unsrer Art und Farbe seid
Und stehet wider uns als unser Feind.

Blunt.

Und Gott verhüte, daß ich anders stünde,
Solang' Ihr, außer Schranken und Gesetz,
Steht wider die gesalbte Majestät!
Doch mein Geschäft! Der König fragt durch mich,
Weshalb Ihr Klage führt; weshalb beschwört
Ihr aus dem Schoß des bürgerlichen Friedens
So kühne Zwietracht, lehrt sein treues Land
Verwegne Grausamkeit? Wenn ja der König
Eure Verdienste je vergessen hat,

Die, wie er selbst einräumt, vielfältig sind,
So nennt ihm die Beschwerden, und sofort
Sollt Ihr mit Zinsen haben, was Ihr wünscht,
Und völligen Pardon für Euch und diese,
Die Eure Anstiftung mißleitet hat.

Heißsporn.

Der König ist sehr gütig, und wir wissen,
Er weiß, wann er versprechen muß, wann zahlen.
Mein Vater und mein Oheim und ich selbst,
Wir gaben ihm die Krone, die er trägt;
Und als er keine dreißig Mann stark war,
Krank in der Menschen Achtung, arm und niedrig,
Ein unbemerkter Flüchtling heim sich schleichend,
Bot ihm mein Vater Willkomm an der Küste;
Und als er ihn bei Gott geloben hörte,
Er komm' als Herzog nur von Lancaster,
Zur Muthung seiner Lehn' und Frieden suchend
Mit Unschuldsthränen und dem Ton der Treue,
Da schwor mein Vater ihm, gerührt von Mitleid,
Gutherzig Beistand und gewährt' ihn auch.
Nun, als die Lords und Reichsbarone sahn,
Daß sich Northumberland zu ihm geneigt,
Da kamen Groß und Klein barhaupt und kniend,
Begrüßten ihn in Flecken, Dorf und Stadt,
Erwarteten an Brück' und Landweg ihn,
Verehrten Gaben, boten Schwür' ihm an,
Gaben ihm ihre Söhn' als Pagen, folgten
Dicht auf den Fersen ihm in goldner Schar.
Er flugs, wie seine Größe sich erkennt,
Steigt euch ein wenig höher als sein Schwur,
Den er bei ärmrem Blute meinem Vater
Am nackten Strand bei Ravensburg gethan;
Und dann, wahrhaftig! nimmt er's in die Hand,
Edict' und strenge Satzungen zu bessern,
Die allzu drückend lasten auf dem Reich,
Schreit über Mißbrauch, stellt sich, als bewein' er
Die Noth des Landes, und mit dieser Miene,
Mit dieser scheingerechten Stirn gewann er
Die Herzen all', danach er angelte;
Ging weiter noch, schlug allen Günstlingen
Den Kopf ab, welche der entfernte König
Zur Stellvertretung hier gelassen hatte,
Als er persönlich war im ir'schen Krieg.

Blunt.

Pah, ich kam nicht, dies zu hören.

Heißsporn.

Dann zur Sache!

Gar bald hernach setzt' er den König ab,
Und kurz darauf beraubt' er ihn des Lebens;
Dem auf dem Fuß brandschatzt' er alles Volk,
Ließ — immer ärger — seinen Vetter March —
Der doch, wenn jeder säß' am rechten Platz,
Sein König wär' — als Unterpfand in Wales,
Dort ohne Lösegeld hülflos zu liegen;
Beschimpfte mich in meinem Siegesglück
Und suchte mich zu fangen durch Spione;
Schalt meinen Oheim fort vom Sitz im Rath,
Entließ im Zorn vom Hofe meinen Vater,
Brach Eid auf Eid, that Unrecht über Unrecht
Und zwang uns schließlich, diesen Bund der Nothwehr
Zu suchen und zugleich uns umzuschaun
Nach seinem Rechtsanspruch, als welchen wir
Zu wenig klar für lange Dauer finden.

Blunt.

Soll ich dem König diese Antwort bringen?

Heißsporn.

Das nicht, Sir Walter: lasset uns allein,
Geht Ihr zum König und erwirkt uns dort
Bürgschaft für unsre sichre Wiederkehr,
So soll am Morgen früh mein Oheim ihm
Vorschläge von uns bringen; lebt nun wohl!

Blunt.

Ich wollt', Ihr nähmet Gnad' und Frieden an.

Percy.

Kann sein, daß wir es thun.

Blunt.

Das gebe Gott!
(Alle ab.)

Vierte Scene.

York. Zimmer im Hause des Erzbischofs.

Der Erzbischof und Sir Michael (treten auf).

Erzbischof.

Eilt Euch, Sir Michael! Mit beschwingter Hast
Bringt dies petschirte Schreiben zum Lord=Marschall,
Dies meinem Vetter Scroop und all die andern,
An wen die Aufschrift lautet. Wüßtet Ihr,
Wie viel an ihnen liegt, Ihr würdet eilen.

Sir Michael.

Mein theurer Herr,
Ich rathe ihren Inhalt.

Erzbischof.

Glaub' ich gern.
Lieber Sir Michael, morgen ist ein Tag,
An dem das Schicksal von zehntausend Männern
Die Probe stehn muß; denn bei Shrewsbury,
So hör' ich zuverlässig, trifft der König
Mit starkem, eilig aufgebrachtem Heer
Zusammen mit Lord Percy, und ich fürchte,
Theils wegen Krankheit Lord Northumberland's,
Auf dessen Macht zuerst gerechnet war,
Theils wegen Owen Glendower's Abwesenheit,
Der auch als wicht'ges Glied in Rechnung stand
Und nun nicht kommt, erschreckt durch Weissagungen —
Ich fürchte, Percy's Streitmacht ist zu schwach,
Um mit dem König sich sogleich zu messen.

Sir Michael.

Ei, gnäd'ger Herr, seid unbesorgt:
Douglas ist bei ihm und Lord Mortimer.

Erzbischof.

Nein, Mortimer ist nicht dort.

Sir Michael.

Doch ist dort Mordake, Vernon, Lord Heinrich Percy;
Dort ist Mylord von Worcester und ein Heer
Beherzter Krieger, tapfrer Edelleute.

Erzbischof.

Das ist wol wahr, allein beim König ist
Das ganze Aufgebot des Reichs vereinigt:
Der Prinz von Wales, Lord John von Lancaster,
Der edle Westmoreland, der tapfre Blunt
Und viele andre würd'ge Mitrivalen
Im Ruf und in der Führerschaft der Waffen.

Sir Michael.

Glaubt mir, sie werden wackre Gegner finden.

Erzbischof.

Ich hoff' es auch, doch Fürchten thut wol noth;
Und um dem Schlimmsten vorzubeugen, eilt!
Denn wenn's dem Percy fehlschlägt, denkt der König,
Eh' er sein Heer entläßt, uns heimzusuchen;
Er hat gehört von unsrer Allianz,
Und Klugheit heischt, uns wider ihn zu rüsten.
Drum eilt Euch; ich muß wieder schreiben gehn
An andre Freunde. Lebt denn wohl, Sir Michael.

(Beide ab.)

<h1 style="text-align:center">Fünfter Aufzug.</h1>

Erste Scene.

Das Lager des Königs bei Shrewsbury.

König Heinrich, Prinz Heinrich, Prinz Johann von Lancaster,
Sir Walter Blunt und Sir John Falstaff (treten auf).

König Heinrich.

Wie blutig späht die Sonne dort herüber
Von jenem wald'gen Berg! Der Tag sieht bleich aus
Vor ihrer Krankheit.

Prinz Heinrich.

Und der Südwind spielt
Den Herold und Trompeter ihrer Plane:
Sein hohles Pfeifen in den Blättern sagt
Uns Sturm vorher und einen rauhen Tag.

König Heinrich.

Sympathisir' er denn mit den Verlierern;
Denn wer gewinnt, dem dünkt kein Wetter schlecht.

(Trompetenstoß. Worcester und Vernon treten auf.)

Sieh da, Mylord von Worcester! 's ist nicht gut,
Daß Ihr und ich auf solchem Fuß uns treffen,
Wie jetzt geschieht. Ihr täuschtet unser Zutraun
Und zwangt uns, aus bequemen Friedenskleidern
Den alten Leib in harten Stahl zu pressen:
Das ist nicht gut, Mylord, das ist nicht gut.
Was sagt Ihr? Wollt Ihr diesen garst'gen Knoten
Des allverhaßten Kriegs jetzt wieder lösen
Und wieder kreisen treu in jener Bahn,
Wo Euer Licht natürlich war und hell,
Anstatt ein dunstig Meteor zu sein,
Ein schrecklich Wunder und Augurium
Des Unheils für noch ungeborne Zeiten?

Worcester.

Hört mich, mein Fürst!
Ich könnte meines Theils zufrieden sein,
Die Neige meines Lebens hinzubringen
In stiller Ruh'; denn das betheur' ich Euch,
Ich suchte diesen Tag des Hasses nie.

König Heinrich.

Ihr habt ihn nie gesucht? Wie kommt er denn?

Falstaff.

Die Rebellion lag auf seinem Wege, und er fand sie.

Prinz Heinrich.

Still, Speckpastete! still.

Worcester.

Herr, Euch gefiel's, die Blicke Eurer Gunst
Von mir und unserm Hause abzuwenden,
Und dennoch muß ich Euch erinnern, Herr,
Wir waren Eure ersten, treu'sten Freunde.
Für Euch zerbrach ich meines Amtes Stab
Zu Richard's Zeit und reiste Tag und Nacht
Entgegen Euch, um Eure Hand zu küssen,
Da Ihr noch nicht an Stellung und Gewicht

So stark und glücklich waret wie ich selbst.
Ich war es und mein Bruder und sein Sohn,
Die Euch zu Haus gebracht und kühn getrotzt
Den Fährnissen der Zeit. Ihr schworet uns,
Und diesen Eid schwort Ihr zu Doncaster,
Daß wider 's Reich Ihr nichts im Schilde führtet
Und heischtet nichts als das ererbte Recht,
Gent's Sitz, das Herzogthum von Lancaster.
Da schworen wir Euch Beistand; aber bald
Regneten Ströme Glücks auf Euer Haupt,
Und solche Flut von Hoheit fiel auf Euch,
Dank unsrer Hülfe, Dank dem Krieg in Irland,
Dank auch den Freveln einer wüsten Zeit,
Dem Unrecht, das Ihr sichtlich duldetet,
Und Dank den Gegenwinden, die den König
So lang an Irlands Küste hielten fest,
Daß all' in England glaubten, er sei todt —
Von diesem Schwarm Glücksfälle nahmet Ihr
Die rasch zu werbende Gelegenheit,
Das Regiment in Eure Hand zu fassen,
Vergaßt, was Ihr zu Doncaster gelobt,
Und spieltet uns, die Euch genährt, so mit,
Wie jener arge Gauch, der junge Kukuk,
Dem Sperling thut, bedrücktet unser Nest,
Wuchst so gewaltig an durch unser Futter,
Daß unsre Liebe selbst sich Eurem Blick
Nicht nahen durft', aus Furcht, verschluckt zu werden;
Mit raschem Flügel mußten wir entfliehn,
Um uns zu retten, und dies Bündniß stiften,
Wodurch wir uns mit solchen Mitteln wehren,
Wie Ihr sie selbst geschmiedet wider Euch
Durch harte Kränkung, drohendes Verhalten
Und durch Verletzung aller Treu' und Freundschaft,
Die Ihr uns schwort bei Eurem ersten Zug.

König Heinrich.

Dies habt Ihr allerdings artikulirt,
Auf Märkten abgelesen und in Kirchen,
Um das Gewand des Aufruhrs zu verbrämen
Mit schöner Farbe, die ins Auge sticht
Der schwanken Meng' und armen Mißvergnügten,
Die sich die Hände reiben, wann es heißt,
Daß alles drüber oder drunter geht.
An solchen Wasserfarben fehlt es nie

Dem Aufruhr, seine Sache zu bemalen,
Noch auch an groll'nden Bettlern, welche lechzen
Nach Zeiten wüsten Mordes und Ruins.

Prinz Heinrich.

In unser beider Heer ist manche Seele,
Die theuer zahlen wird für diesen Zwist,
Wann's erst zur Probe kommt. Sagt Eurem Neffen,
Der Prinz von Wales stimm' ein mit aller Welt
In Heinrich Percy's Lob; bei meiner Hoffnung!
Dies jetz'ge Unternehmen abgerechnet,
So glaub' ich, lebt kein besserer Edelmann,
So rüstig-tapfer, tapfer-jugendlich,
So kühn und so voll Muth, um unsre Zeit
Mit stolzen Thaten zu verherrlichen.
Ich selbst, zu meiner Schande sei's gesagt,
War nur ein Tagedieb im Ritterthum,
Und so, vernehm' ich, achtet er mich auch;
Doch hier vor meines Vaters Majestät:
Ich räum' ihm gern den ganzen Vortheil ein,
Den ihm sein Ruf und großer Name gibt,
Und will, um Blut zu sparen beiderseits,
Mein Glück mit ihm im Einzelkampf versuchen.

König Heinrich.

Wir wagen's, Prinz von Wales, dich dran zu setzen,
Obgleich unendlich viel Erwägungen
Dawider sind. — Nein, lieber Worcester, nein,
Wir lieben unser Volk, wir lieben selbst
Die Irrenden auf Eures Vetters Seite,
Und wenn sie unsre Gnad' annehmen wollen,
Sei er und sie und Ihr, ja jedermann
Hinfort mein Freund, und ich will seiner sein.
Sagt Eurem Vetter das, und meldet mir,
Was er beschließt! Doch will er nicht sich fügen,
So folgen uns furchtbare Straf' und Ahndung
Und sollen ihren Dienst thun. So, nun geht!
Laßt uns mit Widerreden jetzt in Ruh';
Wir bieten freundlich an, greift weise zu!

(Worcester und Vernon ab.)

Prinz Heinrich.

Sie nehmen es nicht an, so wahr ich lebe.
Der Douglas und der Heißsporn — die vereint
Verachten keck die ganze Welt in Waffen.

König Heinrich.

Drum fort, ein jeder Führer an sein Amt!
Wir greifen gleich nach ihrer Antwort an,
Und Gott beschirme die gerechte Sache!

(Der König, Prinz Johann und Blunt ab.)

Falstaff.

Heinz, wenn du mich am Boden siehst in der Schlacht und dich
über mich hinstellst, dann thust du wohl daran; es ist Freundespflicht.

Prinz Heinrich.

Niemand als ein Koloß kann dir diese Freundschaft erweisen; sag'
dein Gebet, und ade!

Falstaff.

Ich wollt', es wäre Schlafenszeit, Heinz, und alles gut.

Prinz Heinrich.

Ei, du bist Gott einen Tod schuldig.

(Ab.)

Falstaff.

Er ist noch nicht fällig; ich bezahlte ihn ungern vor seinem
Termin. Was brauch' ich so bei der Hand zu sein, wenn er mich
nicht mahnt? Na meinetwegen, die Ehre ruft mich vorwärts. Ja,
aber wie, wenn die Ehre mich nun abruft beim Vorwärtsmarschiren?
wie dann? Kann die Ehre ein Bein ansetzen? Nein. Oder einen
Arm? Nein. Oder den Schmerz einer Wunde wegnehmen? Nein.
Die Ehre ist also nicht geschickt in der Chirurgie? Nein. Was ist
Ehre? Ein Wort. Was ist dies Wort Ehre? Luft. Die Rechnung
klappt! Wer hat sie? Der am Mittwoch gestorben ist. Fühlt er
sie? Nein. Hört er sie? Nein. Ist sie also nicht wahrnehmbar?
Nein, für die Todten nicht. Aber lebt sie nicht etwa mit den
Lebenden? Nein. Warum nicht? Die Mißgunst leidet's nicht.
Darum verlangt mich gar nicht nach ihr; Ehre ist ein bloßes Epitaph,
und so endigt mein Katechismus.

(Ab.)

Zweite Scene.

Das Rebellenlager.

Worcester und Vernon (treten auf).

Worcester.

O nein, Sir Richard, niemals darf mein Neffe
Des Königs gnädig Anerbieten hören.

Vernon.

Es wär' doch gut.

Worcester.

Dann wären wir verloren.
Es ist durchaus unmöglich, kann nicht sein,
Daß uns der König Wort hält, uns zu lieben;
Er wird uns stets mißtraun und Anlaß finden,
Zu strafen dies Vergehn in andrer Schuld;
Der Argwohn wird ganz Auge sein zeitlebens:
Denn dem Verrathe traut man wie dem Fuchs,
Der, noch so zahm, gehätschelt, eingesperrt,
Die wilde Ader hat von seinen Ahnen;
Wie wir auch ausschaun, lustig oder ernst,
Die Deutung wird mißdeuten unsern Blick;
Wir werden leben wie der Ochs im Stall,
Je mehr gepflegt, je näher stets dem Tode.
Man kann vergessen, was mein Neffe that;
Der hat den Einwand heißen Jugendbluts
Und eines angenommnen Namens Vorrecht,
Der Tollkopf „Heißsporn", ganz regiert von Launen.
All' seine Sünden fallen mir aufs Haupt
Und seinem Vater: wir verlockten ihn,
Wir müssen, weil von uns sein Makel stammt,
Als Quell von allem auch für alles zahlen.
Drum, lieber Vetter, lasset Heinrich nie,
Auf keinen Fall des Königs Vorschlag wissen.

Vernon.

Bestellt denn, was Ihr wollt; ich will's bestät'gen.
Da kommt der Vetter.

(Heißsporn und Douglas treten auf, hinter ihnen Offiziere und Soldaten.)

Heißsporn.

Mein Oheim ist zurück; entlasset denn
Den Grafen Westmoreland. — Oheim, was bringt Ihr?

Worcester.

Der König wird sogleich die Schlacht Euch bieten.

Douglas.

So fordert ihn durch Lord von Westmoreland.

Heißsporn.

Lord Douglas, geht, und sagt ihm das!

Douglas.

Fürwahr, das will ich, und von Herzen gern.
(Ab.)

Worcester.

Kein Schein von Gnade zeigt im König sich.

Heißsporn.

Batet ihr drum? Verhüt' es Gott!

Worcester.

Ich sagt' ihm sanft von unseren Beschwerden
Und seinem Eidbruch, den er damit gut macht,
Daß er nun abschwört seinen falschen Schwur;
Er nennt uns Meuterer und will in uns
Mit stolzen Waffen diesen Namen geiseln.
(Douglas kommt zurück.)

Douglas.

Zu Pferd, ihr Herrn! Denn eine kecke Fordrung
Hab' ich dem König ins Gesicht geworfen,
Und Westmoreland, der Geisel war, bestellt's;
Dies bringt ihn ganz unfehlbar gleich ins Feld.

Worcester.

Der Prinz von Wales trat vor den König hin
Und, Neffe, fordert' Euch zum Einzelkampf.

Heißsporn.

O läge doch der Streit auf unsern Häuptern,
Und käme niemand außer Athem heut'
Als ich und Heinrich Monmouth! Sagt mir, sagt mir,
Wie klang sein Antrag? schien er voll Verachtung?

Vernon.

Bei meiner Seele, nein! Zeitlebens hört' ich
Nie eine Forderung bescheidner thun,
Als etwa wenn der Bruder seinen Bruder
Zu edler Uebung ladt und Waffenprobe.
Er gab Euch alle Zierden eines Manns,
Schmückt' Euer Lob mit wahrer Fürstenzunge,
Zählt' Eure Ehren her wie eine Chronik
Euch immer besser machend als sein Lob,
Als wär' es Schimpf mit Eurem Werth verglichen.

Und, was ihm recht wie einem Prinzen stand,
Er that erröthend seiner selbst Erwähnung
Und schalt so lieblich seine müß'ge Jugend,
Als wär' er da zwiefachen Geistes Herr:
Des Lehrens und des Lernens auf einmal.
Dann schwieg er; aber laßt der Welt mich sagen:
Wenn er dem Grimme dieses Tags entrinnt,
Dann hatte England nie so süße Hoffnung
So blind verkannt in ihrem Uebermuth.

Heißsporn.

Vetter, ich glaube, du bist ganz verliebt
In seine Thorheit: niemals hört' ich noch
Von einem Prinzen, der so toll gehaust.
Doch sei er, wie er will, einmal vor Nacht
Will ich ihn mit Soldatenarm umfassen,
Daß er zusammenzuckt vor meinem Gruß.
Auf, auf, zum Kampf! und, Freunde, Krieger, Brüder,
Erwäget besser, was ihr habt zu thun,
Als ich, der nicht die Macht der Rede hat,
Durch Zuspruch euer Blut erregen kann.
                    (Ein Bote kommt.)

Bote.

Mylord, hier sind Briefe für Euch.

Heißsporn.

Ich kann sie jetzt nicht lesen. —
O, edle Herrn, die Lebenszeit ist kurz!
Die Kürz' in Schimpf verbringen, wär' zu lang,
Selbst wenn das Leben hing' am Stundenzeiger
Und wär' vorbei, sowie die Stunde kommt.
Lebt ihr, so lebt ihr, Könige zu zertreten;
Sterbt ihr, dann stolzer Tod, mit Fürsten sterben!
Und eu'r Gewissen — nun, das Schwert ist rein,
Wenn nur die Absicht gut ist, die es führt.
                    (Ein anderer Bote kommt.)

Bote.

Herr, rüstet Euch! Der König rückt heran.

Heißsporn.

Ich dank' ihm, daß er mir die Rede kappt,
Denn Schwatzen ist mein Fach nicht. Nur noch dies:

König Heinrich der Vierte. Erster Theil.   7

Thu' jedermann sein Bestes! Und hier zieh' ich
Ein Schwert, das ich zu färben willens bin
Im besten Blut, dem ich begegnen kann
Im Abenteuer dieses heißen Tags.
Nun: Espérance! Percy! und drauf los!
Blast laut des Kriegs erhabne Instrumente
Und laßt umarmen uns bei der Musik!
Denn, Himmel gegen Erde! hier ist mancher,
Der nicht zum zweiten mal so grüßen wird.

(Die Trompeten blasen. Sie umarmen sich und marschiren ab.)

Dritte Scene.

Ebene bei Shrewsbury.

Angriffe, fechtende Haufen, Feldgeschrei. Dann treten Douglas und
Blunt von verschiedenen Seiten auf.

Blunt.

Wie ist dein Name, daß du so im Kampf
Mir in den Weg trittst? Welche Ehre suchst du
Auf meinem Haupt?

Douglas.

Vernimm, mein Nam' ist Douglas,
Und ich verfolge so im Kampfe dich,
Weil man mir sagt, daß du ein König bist.

Blunt.

Man sagt dir Wahrheit.

Douglas.

Lord Stafford hat schon deine Aehnlichkeit
Theuer gebüßt: statt deiner, König Heinrich,
Hat ihn dies Schwert erlegt; jetzt trifft es dich,
Wofern du dich gefangen nicht ergibst.

Blunt.

Das ist nicht meine Art, du stolzer Schotte!
Du sollst hier einen König finden, der
Lord Stafford rächt.

(Sie fechten, Blunt wird erschlagen. Heißsporn tritt auf.)

Heißsporn.

O Douglas!
Wenn du bei Holmedon so gefochten hättest,
Nie hätt' ich über Schotten triumphirt.

Douglas.

'S ist aus! Sieg! Sieg! Hier liegt entseelt der König!

Heißsporn.

Wo?

Douglas.

Hier.

Heißsporn.

Der — Douglas? Nein, die Züge kenn' ich wohl;
Ein tapfrer Ritter war's, sein Name Blunt,
Aehnlich gerüstet wie der König selbst.

Douglas.

So geh' mit deiner Seel' ein Narr dahin!
Erborgten Titel hast du hoch erkauft:
Weshalb hast du gesagt, du seist ein König?

Heißsporn.

Noch viele gehn umher im Rock des Königs.

Douglas.

Bei meinem Schwert! ich tödt' ihm alle Röcke;
Ich mord' ihm die Garb'robe Stück für Stück,
Bis ich den König treffe.

Heißsporn.

Auf! Von hinnen!
Wir haben Hoffnung, heute zu gewinnen.
(Ab. — Getümmel. Falstaff tritt auf.)

Falstaff.

Ich schlage mich lieber in London mit den Krügern herum als
hier mit den Kriegern; hier kerben sie einem die Zeche auf den
Schädel an. — Halloh! wer bist du denn? Sir Walter Blunt!
Da habt ihr nun eure Ehre; das soll nun keine Eitelkeit sein! — Ich
bin so heiß wie geschmolzenes Blei, und so schwer auch: Gott
halte mir nur Blei aus dem Leibe! ich brauche nicht mehr Last
als meine eignen Eingeweide. Ich habe mein Lumpenpack dahin

7 *

geführt, wo sie eingepökelt sind; es sind keine drei mehr am
Leben von meinen hundertundfunfzig, und die sind gut für die
Stadtthore, ihr Leben lang zu betteln. Aber wer kommt da?

Prinz Heinrich (tritt auf).

Was, stehst du müßig hier? Leih mir dein Schwert!
Schon mancher Edelmann liegt starr und steif
Unter den Hufen prahlerischer Feinde,
Ihr Tod noch ungerächt. Bitte, leih mir dein Schwert!

Falstaff.

O Heinz, ich bitte dich, laß mich ein Weilchen Luft schöpfen!
Der Türke Gregorius hat nie solche Waffenthaten vollbracht, wie
ich heute verübt habe. Ich hab's dem Percy gegeben; der ist wohl
aufgehoben.

Prinz Heinrich.

Ja freilich ist er das, und er lebt, um dich zu tödten. Ich
bitte dich, leih mir dein Schwert!

Falstaff.

Nein, bei Gott, Heinz, wenn Percy noch am Leben ist, kriegst
du mein Schwert nicht; aber nimm mein Pistol, wenn du willst.

Prinz Heinrich.

Gib es her! Was? Steckt es in dem Futteral?

Falstaff.

Ja, Heinz, 's ist heiß, 's ist heiß: da ist was drin für die Sectirer.

Prinz Heinrich (eine Sectflasche hervorziehend).

Was? Ist jetzt Zeit zum Spaßen und Tändeln?
(Er wirft ihm die Flasche zu und geht ab.)

Falstaff.

Gut, wenn der Percy noch lebt, ich durchbohre ihn. Wenn er
mir in den Wurf kommt, so ist es gut; wenn er's nicht thut,
und ich komme ihm in den Wurf freiwillig, so mag er eine Car-
bonade aus mir machen. Ich mag nicht solche grinsende Ehre,
wie Sir Walter hat. Gebt mir Leben! Kann ich's heil behalten,
gut; wo nicht, so kommt die Ehre ungebeten, und damit aus.

(Ab.)

Vierte Scene.

Ein anderer Theil des Schlachtfeldes.

Getümmel und Angriffe. **König Heinrich, Prinz Heinrich, Prinz Johann und Westmoreland** (treten auf).

König Heinrich.

Ich bitte dich, Heinrich,
Entferne dich! Du blutest gar zu stark.
Geht mit ihm, Prinz Johann von Lancaster!

Prinz Johann.

Ich nicht, mein Fürst, falls ich nicht selber blute.

Prinz Heinrich.

Ich bitte Eure Majestät, macht rasch,
Daß Euer Fortgehn nicht die Freund' erschrecke!

König Heinrich.

Ich will es thun. —
Mylord von Westmoreland, führt Ihr ihn in sein Zelt.

Westmoreland.

Kommt, gnäd'ger Herr, ich führ' Euch bis ans Zelt.

Prinz Heinrich.

Mich führen, Herr? Ich brauche keine Hülfe.
Verhüte Gott, daß wegen solcher Schramme
Der Prinz von Wales ein Feld wie dies verließe,
Wo rothgefärbt der Adel liegt im Staub
Und Aufruhrs Waffen triumphir'n im Blutbad.

Prinz Johann.

Wir ruhn zu lang. Kommt, Vetter Westmoreland!
Dort liegt die Pflicht: um Gottes willen, kommt!
(Prinz Johann und Westmoreland ab.)

Prinz Heinrich.

Beim Himmel, Lancaster, du täuschtest mich:
Nie glaubt' ich, daß du solchen Muth besäßest.
Ich liebte sonst als Bruder dich, Johann,
Jetzt aber acht' ich dich wie meine Seele.

König Heinrich.

Ich sah ihn, wie er Percy's sich erwehrte
Mit festerm Stand, als ich erwartete
Von einem solchen unerwachsnen Krieger.

Prinz Heinrich.

O dieser Knabe leiht uns allen Feuer!

(Ab. — Getümmel. Douglas tritt auf.)

Douglas.

Wieder ein König!
Sie wachsen immer neu wie Hydraköpfe. —
Ich bin der Douglas, tödlich allen denen,
So diese Farben tragen. Wer bist du,
Der du das Aussehn eines Königs nachahmst?

König Heinrich.

Der König selbst, dem's, Douglas, herzlich leid ist,
Daß du so viele seiner Schatten trafst,
Und nicht den König selbst. Ich hab' zwei Knaben,
Die suchen dich und Percy rings im Feld;
Doch da du mir so glücklich in den Wurf kommst,
Will ich's mit dir versuchen: wehre dich!

Douglas.

Ich fürcht', auch du bist nur ein Afterbild,
Obwol du wie ein König dich gehabst;
Mein aber bist du sicher, wer du seist,
Und so besieg' ich dich.

(Sie fechten; wie der König in Gefahr ist, kommt Prinz Heinrich.)

Prinz Heinrich.

Richte dein Haupt empor, du schnöder Schotte,
Jetzt oder niemals mehr! In meinem Schwert
Sind Shirley's, Blunt's und Stafford's tapfre Geister;
Es ist der Prinz von Wales, der dich bedroht,
Der nie verspricht, wo er nicht zahlen will.

(Sie fechten. Douglas flieht.)

Getrost, mein Fürst! Wie geht es Euer Gnaden?
Sir Nicolas Gawsey sendet um Succurs,
Und Clifton auch; ich will zu Clifton gleich.

König Heinrich.

Bleib und rast' ein Weilchen!
Du löstest die verlorne Achtung ein

Und zeigtest, daß mein Leben dir was gilt,
Durch diese Rettung, die du mir gebracht.

Prinz Heinrich.

O Gott, die thaten mir zu grausam nah,
Die je gesagt, ich laur' auf Euren Tod.
Thät' ich's, so hätt' ich Douglas' Siegerhand
Gewähren lassen können über Euch;
Sie hätt' Euch wol so rasch ans Ziel gebracht
Wie alle gift'gen Tränke dieser Welt
Und Eurem Sohn Verräthermüh' erspart.

König Heinrich.

Mach' fort zu Clifton; ich will selbst zu Gawsey.
(König Heinrich ab. Heißsporn tritt auf.)

Heißsporn.

Wenn ich nicht irre, bist du Heinrich Monmouth.

Prinz Heinrich.

Du sprichst, als wollt' ich meinen Namen leugnen.

Heißsporn.

Mein Nam' ist Heinrich Percy.

Prinz Heinrich.

Ei, so seh' ich
'nen tapferen Rebellen dieses Namens.
Ich bin der Prinz von Wales, und denk' nicht, Percy,
Daß du fortan im Ruhme theilst mit mir.
Zwei Sterne kreisen nicht in einer Sphäre,
Noch duldet ein England ein doppelt Reich,
Des Heinrich Percy und des Heinrich Monmouth.

Heißsporn.

Gewiß nicht, Heinrich; denn die Stund' ist kommen,
Wo einer von uns endet; wollte Gott,
Dein Waffenruhm wär' jetzt so groß wie meiner!

Prinz Heinrich.

Ich mach' ihn größer, eh' ich von dir scheide,
Und alle knospenden Ehren pflück' ich mir
Von deinem Helm zum Kranze für mein Haupt.

Heißsporn.

Nicht länger duld' ich deine Eitelkeiten.

(Sie fechten. — Falstaff tritt auf.)

Falstaff.

Sehr gut, Heinz! Drauf los Heinz! Na, hier gibt's kein
Kinderspiel, kann ich euch sagen.

(Douglas tritt auf und ficht mit Falstaff, der niederfällt, als ob er todt wäre;
hierauf Douglas ab. Heißsporn wird verwundet und fällt.)

Heißsporn.

O Heinrich, du beraubst mich meiner Jugend!
Verlust des flücht'gen Lebens trag' ich leichter
Als diesen Ruhm, den du mir abgewannst:
Der bohrt mir durch die Seele schlimmer als
Dein Schwert ins Fleisch. — Jedoch die Seel' ist ja
Des Lebens Sklav', und Leben Narr der Zeit,
Und auch die Zeit, die alles überschaut,
Kommt einst zum Stillstand. O, weissagen könnt' ich,
Nur daß die kalte, erd'ge Hand des Todes
Die Zunge lähmt. Nein, Percy, du bist Staub
Und Fraß für — —

(Er stirbt.)

Prinz Heinrich.

Für Würmer, tapfrer Percy. Leb' wohl, großes Herz!
Wie eingeschrumpft nun, schlecht gewebter Ehrgeiz!
Als dieser Körper einen Geist enthielt,
War ihm ein Königreich zu enger Raum;
Nun sind zwei Schritte der gemeinsten Erde
Ihm weit genug. — Die Erde, die dich Todten trägt,
Trägt lebend nicht solch wackern Edelmann.
Wenn du empfänglich wärst für Höflichkeit,
Trüg' ich so warmen Eifer nicht zur Schau.
Mein Feldschmuck decke dein verstümmelt Antlitz,
Und danken will ich's mir, als wär' ich du,
Daß ich den zarten Liebesdienst dir that.
Leb' wohl und nimm dein Lob mit dir zum Himmel,
Dein Makel schlafe mit dir in der Gruft
Und sei in deiner Grabschrift nicht erwähnt!

(Er sieht Falstaff am Boden liegen.)

Was! alter Freund! Erhielt dir all dies Fleisch
Nicht etwas Leben? Armer Hans, leb' wohl!
Ich hätte besser beßre Leut' entbehrt.

O, ich empfände deinen Abgang schwer,
Wenn ich verliebt in Eitelkeiten wär'.
Du bist von den Erschlagnen im Gefild,
Wenn nicht das wichtigste, das schwerste Wild.
Jetzt liege, bis ich dich einbalsamir',
In deinem Blut beim edlen Percy hier!

(Ab.)

Falstaff (aufstehend).

Einbalsamire! Wenn du mich heute einbalsamirst, so erlaube ich
dir, mich morgen einzupökeln, ja und auch zu verspeisen. Alle
Wetter! es war Zeit, eine Maske anzunehmen, sonst hätte dieser
hitzige Bramarbas aus Schottenland mich ins Schattenland spedirt.
Eine Maske? Nein, das ist 'ne Lüge; ich bin keine Maske. Sterben,
das heißt eine Maske sein; denn der ist blos die Maske eines
Menschen, wer nicht das Leben eines Menschen hat. Aber die
Maske des Sterbens annehmen, wenn man sich dadurch am Leben
erhält, das heißt nicht eine Maske sein, sondern das wahre und
vollkommene Bild des Lebens, ja wohl! Das bessere Theil der
Tapferkeit ist Vorsicht, durch welches bessere Theil ich mein Leben
gerettet habe. Zum Henker! Ich fürchte mich vor diesem Schieß=
pulver = Percy, ob er schon todt ist. Wie, wenn er auch eine Maske
vorhätte und wieder aufstände? Wirklich, ich fürchte, er würde
sich als die bessere Maske ausweisen. Darum will ich ihn unschädlich
machen, ja und ich will schwören, ich hätte ihn umgebracht. Warum
könnte er nicht ebenso gut aufstehen wie ich? Nichts kann mich
widerlegen als Augen, und niemand sieht mich hier. Darum Bursche,
(er sticht nach Heißsporn) mit einer neuen Wunde im Schenkel kommt
Ihr jetzt mit mir. (Er nimmt Heißsporn auf den Rücken.)

(Prinz Heinrich und Prinz Johann kommen zurück.)

Prinz Heinrich.

Komm, Bruder John, brav hast du heut geübt;
Dein jungfräuliches Schwert.

Prinz Johann.

Still! Was ist dies?
Ihr sagtet ja, der dicke Mann sei todt.

Prinz Heinrich.

Ja wohl, ich sah ihn todt,
Blutend und athemlos im Staub.
Bist du lebendig? Ist es Phantasie,
Was unsre Augen blendet? Bitte, sprich!
Wir traun den Augen nicht ohn' unser Ohr:
Du bist nicht, was du scheinst.

Falstaff.

Nein, das ist gewiß, ich bin kein doppelter Mensch; aber wenn ich nicht Hans Falstaff bin, will ich Hans heißen. Da ist Percy: (er wirft den Leichnam hin) wenn Euer Vater mir irgendeine Ehre an=thun will, gut; wo nicht, so mag er den nächsten Percy selbst umbrin=gen. Ich erwarte, Graf oder Herzog zu werden, das kann ich Euch versichern.

Prinz Heinrich.

Ei, den Percy brachte ich ja selbst um und sah dich todt.

Falstaff.

Du? Wirklich? — Gott, Gott! wie diese Welt dem Lügen ergeben ist! Ich gebe Euch zu, ich lag am Boden, ganz außer Athem, und er desgleichen; aber wir standen beide im selben Augenblicke auf und fochten eine gute Stunde nach der Thurmuhr von Shrewsbury. Will man mir glauben, gut; wo nicht, so fällt die Sünde auf das Haupt derer, welche die Tapferkeit belohnen sollten. Ich sterbe darauf, daß ich ihm diese Wunde im Schenkel beigebracht habe; wenn der Mann noch am Leben wäre und es leugnen wollte, alle Wetter, so sollte er ein Stück von meinem Degen aufessen.

Prinz Johann.

Das ist, bei Gott, die seltsamste Geschichte.

Prinz Heinrich.

Dieß ist der seltsamste Gesell, mein Bruder. —
Kommt, traget Eu'r Gepäck stolz auf dem Rücken;
Ich will, wenn eine Lüg' Euch Gunst verschafft,
Mit meinen schönsten Phrasen sie vergolden.

(Es wird zum Rückzuge geblasen.)

Man bläst zum Rückmarsch; dieser Tag ist unser.
Komm, Bruder, laß uns auf die Höh' des Feldes
Und sehn, wer von den Freunden lebt, wer fiel.

(Prinz Heinrich und Prinz Johann ab.)

Falstaff.

Ich will ihnen nachgehen und der Belohnung. Wer mich be=lohnt, dem lohn' es Gott! Wenn ich größer werde, so will ich kleiner werden; denn ich will purgiren, und den Sect aufgeben, und säuberlich leben, wie es für einen großen Herrn sich schickt.

(Er geht ab mit der Leiche.)

Fünfte Scene.

Ein anderer Theil des Schlachtfeldes.

Trompetengeschmetter. **König Heinrich, Prinz Heinrich, Prinz Johann, Westmoreland** und andere treten auf; **Worcester** und **Vernon** als Gefangene.

König Heinrich.

So fand noch stets der Aufruhr seine Strafe. —
Arglist'ger Worcester, boten wir nicht Gnade
Und freundlichen Vergleich euch allen an?
Und drehtest du mein Wort ins Gegentheil?
Misbrauchtest deines Vetters Zutraun so?
Drei Ritter, die auf unsrer Seite fielen,
Ein edler Graf, und manche Seele mehr
Wär' noch am Leben jetzt,
Wenn als ein Christ du zwischen unsern Heeren
Getreue Botschaft hättest treu bestellt.

Worcester.

Was ich gethan, rieth mir die Sicherheit,
Und mein Geschick empfang' ich in Geduld,
Da unvermeidlich ja es mich ereilt.

König Heinrich.

Führt Worcester zum Tod und Vernon auch;
Mit andern Schuld'gen steh' es noch dahin. —

(**Worcester** und **Vernon** werden abgeführt.)

Wie steht es auf dem Feld?

Prinz Heinrich.

Der edle Schotte Douglas, da er sah,
Daß sich das Glück des Tags von ihm gewandt,
Der edle Percy todt und all sein Volk
Auf flücht'gem Fuß, floh mit den übrigen
Und ward, am Hügel stürzend, so verletzt,
Daß wir ihn griffen. Jetzt ist Douglas nun
In meinem Zelt, und ich ersuch' Euch, Herr,
Gebt ihn in meine Macht.

König Heinrich.

Von Herzen gern.

Prinz Heinrich.

Dann, Bruder John von Lancaster, soll Euch
Dies ehrenvolle Gnadenwerk gehören:
Geht hin zum Douglas und entlasset ihn,
Wohin er will, frei, ohne Lösegeld.
Sein Muth, den er erprobt an unsern Helmen,
Hat uns gelehrt so hohe Thaten selbst
Im Busen unsrer Widersacher ehren.

Prinz Johann.

Dank Euer Gnaden für die edle Huld,
Die ungesäumt ich weiter geben werde.

König Heinrich.

Dann bleibt nur eins zu thun: das Heer zu theilen.
Ihr, Sohn Johann und Vetter Westmoreland,
Marschirt auf York mit eurer schnellsten Eil'
Northumberland und dem Erzbischof entgegen,
Die, wie ich hör', im vollen Rüsten sind.
Ich selbst mit Euch, Sohn Heinrich, zieh' nach Wales
Zum Kampf mit Glendower und dem Grafen March.
Aufruhr in diesem Reich verliert die Macht,
Wenn noch ein Schlag ihn trifft wie diese Schlacht.
Dies Werk ist schön vollbracht: jetzt nicht geruht,
Bis wir zurückerkämpft all unser Gut!

(Alle ab.)

Anmerkungen

zu „König Heinrich der Vierte", Erster Theil.

S. 3, 3. 1 v. o.: „So tief erschüttert, so von Sorge bleich." — Der König bezieht sich auf die blutigen Kämpfe gegen Richard's II. Anhänger, welche er während der ersten Jahre seiner Regierung zu bestehen hatte.

S. 3, 3. 5. v. o.:
„Nicht mehr soll dieser Erde durst'ger Schlund
Mit ihrer Kinder Blut die Lippen färben."
Die beiden Verse scheinen einen Anklang an die Genesis, Kap. 4, V. 11, zu enthalten: „und nun, verflucht seiest du auf der Erden, die ihr Maul hat aufgethan und deines Bruders Blut von deinen Händen empfangen."

S. 3, 3. 1 v. u.: „Die uns zum Heil vor vierzehnhundert Jahren." — Die Ereignisse, welche das Stück behandelt, fallen in die Jahre 1402 und 1403.

S. 4, 3. 14 v. o.: „Mit jenem wilden, trotzigen Glendower." — Der Name ist zweisilbig, Glendaur, mit dem Ton auf der zweiten Silbe. Bisweilen läßt Shakespeare jedoch den Ton auch auf der ersten Silbe ruhen.

S. 5, 3. 9, v. o.:
„Mordake, Graf von Fife und ältster Sohn
Des überwundnen Douglas" u. s. w.
Der Graf von Fife war nicht, wie Shakespeare irrig annimmt, des Douglas, sondern des Regenten von Schottland und Herzogs von Albany Sohn. Der Irrthum entstand durch einen Druckfehler in Holinshed's Chronik, wo hinter dem Worte „Regenten" das Komma ausgelassen ist. Wir haben die betreffende Stelle aus Holinshed in der Einleitung wiedergegeben.

S. 5, 3. 12 v. u.: „Hätt' ausgetauscht in ihren Wiegenbetten." — Vgl. „Sommernachtstraum", II, 1, wo auch von einem Austauschen der Wiegenkinder durch Feen oder Elfen die Rede ist.

S. 5, 3. 3 v. u.: „Euch feindlich unter jeglichem Aspect." — Ein astrologischer Kunstausdruck, von ungünstigen Gestirnen gebraucht.

S. 6, 3. 8 v. o.: „Als jetzt im Zorn beredet werden darf." — Der Sinn des Verses ist zweifelhaft. „Than out of anger can be uttered" scheint eher zu heißen: „als vor Zorn geäußert werden kann", aber diese Uebersetzung paßt nicht recht zu der Stimmung des Königs, der wol ungehalten über Heißsporn's Anmaßung, aber keineswegs so außer sich ist, um der Sprache nicht mächtig zu sein. Dagegen harmonirt es mit der Situation, wenn der König sagt, daß der Beschluß über das fernere Verhalten gegen die Percy nicht unter dem Eindrucke des ersten Zorns gefaßt werden dürfe.

S. 6, Z. 11 v. u.: „Schilder vor lieberlichen Häusern." — Nicht allein die Schenken, sondern auch schlechtere Häuser hängten ein Schild vor die Thür, wie überhaupt diese Sitte auch in andern Gewerben weit verbreitet war.

S. 6, Z. 5 v. u.: „Phöbus." — Phöbus, „that wandering knight so fair". Man muß annehmen, daß Falstaff einen Vers aus irgendeiner dem Publikum bekannten Ballade citirt, in welcher ein Ritter Phöbus vorkam, den er scherzhaft mit dem Sonnengott identificirt.

S. 7, Z. 1 v. o.: „Nein, bei meinem Wort! Nicht so viel, um eine Maus zu absolviren." — Im Original dreht sich hier der Dialog um die doppelte Bedeutung des Wortes „grace", welches Gnade und Tischgebet heißt. Falstaff antwortet dem Prinzen: „Du hast nicht so viel grace, daß man einen Prolog für ein geröstetes Ei daraus machen könnte."

S. 7, Z. 9 v. o.: „Unter deren Schutz wir stehlen. Under whose countenance we steal. — „Unter deren Schutz wir stehlen" oder „uns stehlen, schlüpfen". Ob übrigens hier ein solcher Doppelsinn beabsichtigt ist, erscheint zweifelhaft; auch der einfache und nächstliegende Sinn genügt.

S. 7, Z. 7 v. u.: „Und sind nicht hölzerne Latten ein recht süßes Ruhebett?" — Während Falstaff sich die Süßigkeit des Kneipenlebens ausmalt, erinnert der Prinz ihn an das im Hintergrunde drohende Gefängniß, welches die Beutelschneider erwartet. Im Original sagt er wörtlich: „Und ist nicht ein büffelledern Wams ein gar süßes haltbares Gewand?" (robe of durance, was auch „Verhaftungsgewand" heißen kann). Das büffelleberne Wams war die charakteristische Tracht der Gerichtsdiener, eine Beziehung, die Falstaff augenblicklich versteht. Für den deutschen Leser ist die wörtliche Uebersetzung ohne Commentar unverständlich.

S. 7, Z. 3 v. u.: „Was zum Büttel hab' ich mit unsrer Frau Wirthin von der Schenke zu schaffen?" — „What a pox", sagt der Prinz im Original, mit komischer Milderung des von Falstaff gebrauchten „What plague". „Was Pestilenz?" und „Was Blattern?"

S. 8, Z. 6 v. o.: „Zum Glück sind deines Vaters Baarschätze so schätzbare." — Das Wortspiel, das Falstaff macht, erinnert ihn daran, daß Heinz dermaleinst selbst König sein wird, und bringt ihn auf einen neuen Gedanken. Im Original heißt es weit frappanter, aber unübersetzbar: „if it were not here apparent that thou art heir apparent."

S. 8, Z. 4 v. u.: „Euer Anhänger ist der Henker." — Im Original fragt der Prinz: „For obtaining of suits?" — „um Bittgesuche durchzusetzen?" Die Worte können aber auch bedeuten: „um Kleider zu bekommen?" Falstaff antwortet demgemäß: „Ja wohl, um Kleider zu bekommen, wovon der Henker keine magere Garderobe besitzt"; mit andern Worten: „Der Henker hat heutzutage ein blühendes Geschäft", da ihm die Kleider der Hingerichteten zufallen: eine Anspielung auf die zahlreichen Executionen, welche die Unterdrückung der verschiedenen Rebellionen begleiteten. — Falstaff erscheint hier als Stellenjäger, der sich den beschwerlichen Aufwartungen am Hofe seufzend unterzieht, um irgendeine einträgliche Sinecure zu erlangen.

S. 9, Z. 2 v. o.: „Was meinst du zu einem Hasen? oder zu der Melancholie des Stadtgrabens?" — Zu den verschiedenen hier angeführten Beispielen schwermüthiger Stimmung ist zu bemerken: 1) Lincolnshire war die Heimat umherziehender Dudelsackbläser, die sich bei Volkslustbarkeiten vernehmen ließen; 2) der Hase galt für ein melancholisches Thier, wie aus mehrfachen Aeußerungen älterer englischer Schriftsteller erhellt; 3) der Stadtgraben, von welchem Prinz Heinrich spricht, existirte zu Shakespeare's Zeiten noch, er umgab die City von London an der Landseite und bot mit seinem schlammigen Gewässer vermuthlich einen trübseligen Anblick dar.

S. 9, Z. 14 v. u.: „Du hast verdammenswerthe Citate." — Ein Citat aus der Bibel, wie Prinz Heinrich es hier sich erlaubt, galt den strengen Protestanten als sündhaft. Demgemäß hat denn auch die Folioausgabe von 1623 das Citat aus den Sprichwörtern Salomonis fortgelassen, wodurch freilich Falstaff's Bemerkung: „Du hast verdammenswerthe Citate", jeden Sinn verliert.

S. 10, Z. 8 v. o.: „Zuckersect" — wird Falstaff wegen seines Lieblingsgetränks genannt. Sect (vin sec) hieß der Wein von Malaga und von Xeres (Sherry), letzterer bekanntlich noch heutzutage ein bedeutender Verbrauchsartikel in England. Im 16. und 17. Jahrhundert versüßte man den Wein mit Zucker.

S. 10, Z. 12 v. u.: „Gadshill." — Eine Gegend an der Straße von Kent nach London, welche wegen der dort häufigen Straßenräubereien verrufen war. Den nämlichen Namen führt der Straßenräuber, der mit Falstaff in Gesellschaft den Reisenden auflauert.

S. 10, Z. 9 v. u.: „Eastcheap." — Eine Straße in London, wo die Schenke zum wilden Schweinskopf wirklich existirte. Prinz Heinrich hat in dieser Straße ein Haus besessen.

S. 11, Z. 2 v. o.: „Du bist auch nicht aus königlichem
Geblüte, wenn du nicht einmal das Herz hast, ein paar
Kronen einzustecken." Thou cam'st not of the blood royal,
if thou darest not stand for ten shillings. — „Du bist von
Geblüt kein Royal (eine Goldmünze = 10 Sh.), wenn du nicht wagst,
zehn Schillinge werth zu sein, oder für zehn Schillinge aufzulauern."

S. 11, Z. 4 v. u.: „Bardolf, Peto." — Statt Bardolf und
Peto haben die alten Ausgaben „Harvey" und „Rossil", jedoch nur
an dieser Stelle. Shakespeare wird die Namen geändert und aus
Versehen sie hier zu corrigiren vergessen haben.

S. 15, Z. 2 v. o.:
„Ich, außer mir, mit meinen kalten Wunden,
Daß solch ein Papagai mich peinigte."
Die Stelle ist in der Schlegel'schen Uebersetzung so berühmt
geworden, daß es nicht überflüssig sein mag, darauf hinzuweisen
daß Schlegel die Construction des Satzes verändert hat: „Ich, den
die kalt gewordnen Wunden schmerzten." Im Englischen ist aber
„all smarting" zu verbinden mit „to be so pestered with a
popinjay", und „with my wounds being cold" ist nur parenthe-
tisch eingeschaltet, um zu motiviren, wie die Zudringlichkeit des Hofherrn
den Soldaten so erzürnen konnte. Der Unterschied ist nicht ganz
gleichgültig; der Schmerz der Wunden ist für Percy doch nur Nebensache.

S. 15, Z. 8 v. u.: „Auslösen, den verrückten Mortimer." —
Shakespeare verwechselt, durch den gleichen Irrthum Holinshed's ver-
leitet, beständig Sir Edmund Mortimer, den Bruder der Lady Percy,
mit Edmund Mortimer, Grafen von der March. Sir Edmund war
der jüngere Bruder des verstorbenen Grafen Roger von March; Graf
Edmund des letztern Sohn, welcher damals erst zehn Jahre alt war
und von König Heinrich in Windsor erzogen, d. h. gefangen gehalten
wurde. Der kleine Graf war nämlich nach Richard's II. Tode der
legitime Thronerbe, weil er, durch seine Großmutter Philippa, ver-
ehelichte Gräfin March, von dem dritten Sohne Edward's III., Lionel
Herzog von Clarence, abstammte, während Johann von Gent, der
Vater König Heinrich's, der vierte Sohn war. Das Haus Lancaster
hatte die von den Mortimers vertretene ältere (allerdings weibliche,
aber nach englischem Rechte vorgehende) Linie beiseite gedrängt: ein
Unrecht, welches in der dritten Generation durch den Krieg der beiden
Rosen sich blutig rächen sollte.

S. 15, Z. 1 v. u.: „Pactiren mit Narren, wenn sie selber sich
verspielt?" — „Indent with fears", „pactiren mit furchtbaren
Dingen (oder Menschen)" lautet der Text. Man kann schwerlich einen
vernünftigen Sinn herauslesen, denn der Versuch, fears durch Furcht-
same wiederzugeben, ist nur ein verzweifelter Nothbehelf. Die Stelle
ist ohne Zweifel corrumpirt. Von den verschiedenen Emendations-
vorschlägen (peers, foes, feres, die sämmtlich nicht recht passen) er-

scheint der Delius'sche: „fools", wenngleich vom Texte ziemlich weit abliegend, als derjenige, welcher dem Zusammenhange am besten entspricht.

S. 19, Z. 10 v. u.: „Doch diese Halbpart-Kameradschaft — pfui!" — Wörtlich: „Aber pfui über diese halbgesichtige (nur ein halbes Gesicht zeigende) Kameradschaft (oder Genossenschaft)!" Aus dem Vorhergehenden erhellt, daß Heißsporn es vorzieht, halsbrechende Abenteuer allein zu bestehen, daß er nichts von Helfern und Rivalen wissen will; gleichwol ist dies „Pfui!" befremdend, da einerseits von einer Halbpart-Kameradschaft vorher nicht die Rede gewesen ist, andererseits Heißsporn gleich darauf das Bündniß mit Mortimer, Glendower, Douglas und Scroop freudig begrüßt. Die Stelle wird also so zu verstehen sein, daß der junge Percy auf die erste, noch völlig vage Andeutung Worcester's hin über ein in Aussicht stehendes halsbrechendes Unternehmen in Verzückung geräth, ohne an politische Berechnungen zu denken, und nur seinem Gefühle Luft macht („Er sieht nur eine Welt von Phantasien und nicht die Form von dem, was vor ihm liegt"). In dieser Ekstase wünscht er ganz allein mit der Gefahr zu ringen; hinterdrein aber, als es sich um den Plan eines großartigen Aufstandes handelt, macht dieser Rausch der Kampflust einer kühlern und vernünftigern Auffassung der Dinge Platz.

S. 20, Z. 9 v. u.: „Du wespenzüngiger, ungeduld'ger Thor." — What a wasp-tongued and impatient fool, nicht wasp-stung, von der Wespe gestochen, scheint die richtige Lesart zu sein. Northumberland will sagen: deine Zunge schwärmt so toll und zwecklos umher wie eine Wespe, oder, wie es weiter heißt, wie ein aufgeregtes Weib. „Stung" steht allerdings in der ältesten Ausgabe des Stücks, aber es ist bemerkenswerth, daß alle folgenden Drucke dies an sich durchaus verständliche Wort in „tongue" und schließlich in „tongued" verwandeln, was auf eine wohlerwogene Correctur schließen läßt.

S. 21, Z. 12 v. o.: „O zum Teufel solch Betheuern!" — Die erste Begegnung zwischen Heinrich Bolingbroke und dem jungen Percy schildert Shakespeare in „Richard dem Zweiten" (Aufzug 2, Scene 3). Dem Gleichklang „Theurer" und „Betheuern" entspricht im Original „kind cousin" und „O the devil take such cozeners!" (Betrüger).

S. 21, Z. 7 v. u.: Des Erzbischofs von York" u. s. w. — Der Erzbischof von York war ein Bruder des Grafen von Wiltshire, des nämlichen, welchem Richard II. die Reichseinkünfte verpachtete. Der Graf wurde als Anhänger des abgesetzten Königs in Bristol gefangen genommen und hingerichtet.

S. 24, Z. 10 v. o.: „Charingcroß." — Charingcroß war im 17. Jahrhundert noch nicht wie jetzt ein Theil von London, sondern lag auf dem Wege nach der gleichfalls noch für sich bestehenden Stadt Westminster.

S. 24, Z. 5 v. u.: „Nä, sachte Freundchen!" u. f. w. — Die beiden Kärrner trauen dem Gadshill nicht und geben ihm deshalb abweisende Antworten.

S. 25, Z. 11 v. o.: „Wüst-Kent." — Wüst-Kent, the Wild of Kent, heißt eine Gegend in der Grafschaft Kent.

S. 25, Z. 1 v. u.: „Trojaner." — Sanct-Nikolaus ist der Schutzpatron der Fahrenden Schüler und aller Vagabunden, daher scherzweise Landstreicher, Straßenräuber u. f. w. seine Ritter, Schüler oder Gesellen hießen. Ein ähnlicher euphemistischer Ausdruck für Straßenräuber ist das von Gadshill gebrauchte „Trojaner", womit im Volksmunde jeder tüchtige Haudegen bezeichnet wurde.

S. 26, Z. 5 v. o.: „Kupferbärtige Biersöffel." — Kupferbärtig oder mit purpurgefärbtem Schnauzbart nennt Gadshill das gemeine Diebsgesindel, um dessen Trunksälligkeit übertreibend zu charakterisiren. Die Aristokratie der Schelmenzunft, zu welcher er sich hält, beschäftigt sich mit Unternehmungen, welche scharfen Blick und feste Hand erfordern, daher sie auch „lieber spricht, als trinkt".

S. 26, Z. 12 v. o.: „Und schneiden Leder draus für ihre Stiefel." — Im Original spielt Gadshill mit den Worten „pray" (beten) und „prey" (plündern) und „boots", was zugleich „Stiefeln" und „Beute" bedeutet. Das Gemeinwesen ist sodann wasserdicht, denn die Justiz „hath liquored her", hat es eingeschmiert, mit dem Doppelsinn „betrunken gemacht", sodaß es die Diebe nicht fangen kann. Die Benutzung des doppelsinnigen deutschen Wortes „Schmieren" ändert das Bild, aber nicht oder doch nicht wesentlich den Gedanken.

S. 26, Z. 9 v. u.: „Das Recept vom Farrnsamen." — Farrnsamen, weil selbst den Blicken schwer erkennbar, galt für ein Mittel, sich unsichtbar zu machen.

S. 26, Z. 3 v. u.: „Homo ist der gemeine Name für alle Menschen." — Gadshill will sagen: Es ist lächerlich, zwischen Spitzbuben und Nichtspitzbuben zu distinguiren; ich bin nicht anders als jeder andere Mensch.

S. 28, Z. 11 v. o.: „Du lügst; du bist nicht beängstigt, sondern enthengstigt." — Im Original ist der Wortscherz „colted" (geprellt) und „uncolted" (des Füllens oder Rößleins beraubt) kaum weniger gewagt.

S. 28, Z. 12 v. u.: „Häng dich an deinen eignen kronprinzlichen Strumpfbändern auf." — Hänge dich an deinen eignen Strumpfbändern, d. h. ohne weitere Umstände, auf — war eine sprichwörtliche Redensart.

S. 29, 3. 8 v. u.: „John von Gent." — Der Witz geht im Deutschen verloren, da John von Gent (Gaunt) John von Mager bedeutet.

S. 31, 3. 12 v. u.: „Mylord." — Mylord von York ist der Erzbischof.

S. 32, 3. 19 v. u.: „Käthe." — Den Namen Käthe (Kate) hat der Dichter der Lady Percy gegeben; sie hieß Eleonore und war eine Tochter des Edmund Mortimer, Grafen von March, und der Philippa, Tochter des Herzogs Lionel von Clarence, also eine Ur-enkelin Edward's III.

S. 33, 3. 11 v. o.: „Heda! Ist Guillaume fort mit dem Packet?" — Der Diener Percy's heißt bei Shakespeare Gilliams, mit normannischem Anlaut.

S. 33, 3. 6 v. u.: „O Espérance!" — Espérance ist das Wappenmotto und der Feldruf der Percy.

S. 34, 3. 14 v. o.: Du Kindskopf! Liebchen? Nein, ich lieb' dich nicht." — Heißsporn hat eben vorher seine Frau „Lieb-chen" genannt; jetzt widerruft er den zärtlichen Ausdruck..

S. 34, 3. 18 v. u.:
„Wir brauchen blut'ge Köpf' und müssen Eisen
Als baare Münz' anbringen."
Im Original sagt Heißsporn: „Wir müssen blut'ge Nasen und zerbrochene crowns (d. i. Schädel oder Goldkronen) haben und sie noch dazu als vollgültig anbringen." Wenn die Münzen einen Riß hatten, waren sie nicht mehr umlauffähig.

S. 35, 3. 6 v. u.: „Ein Korinthier." — Ausdrücke wie „Korinthier", „Trojaner", „Hektor" u. s. w. lernte das gemeine Volk in den Theatern kennen, welche häufig Stücke mit antikem Stoffe gaben. Korinthier nannte man einen flotten Bruder, weil die Stadt Korinth als besonders sittenlos verrufen war.

S. 36, 3. 5 v. o.: „Pfennigsbütchen voll Zucker. Unter-mundschenk." — In den Weinhäusern ward den Gästen zu ihrem Getränk eine Düte mit Zucker gereicht, was auf den Geschmack des Weins oder den der Trinker ein verdächtiges Licht wirft. „Unter-mundschenk" (Undershinker) nennt der Prinz scherzweise den Küfer oder Unterkellner.

S. 36, 3. 9 v. o.: „Im halben Mond! — Jede einzelne Trinkstube in den Schenken führte ihren eigenen Namen und ihr eigenes Emblem: „Halbmond", „Granatapfel" u. f. w.

S. 37, 3. 1 v. o.: „Ich will's auf alle Bücher in Eng-land schwören." — In England schwört man auf die Bibel oder „das Buch", wie man schlechtweg sagt.

8 *

S. 37, Z. 3 v. u.: „Ich meine den Mann mit Lederwams" u. s. w. — Das Costüm, welches der Prinz hier schildert, ist das eines ehrsamen londoner Bürgers. Wenn die Worte einen Sinn haben und nicht etwa, wie die gleich folgenden, nur dazu dienen sollen, den Küfer zu verblüffen, so mag man annehmen, daß der Prinz den Wirth des Hauses porträtirt, welchem Franz ben Zucker, wie er andeutet, gestohlen hätte.

S. 39, Z. 5 v. o.: „Ich bin noch nicht so gesinnt wie Percy." — Hiermit setzt der Prinz die durch Franzens Eintritt unterbrochene Auslassung über seinen guten Humor fort; er ist noch zu Tollheiten aufgelegt, noch nicht von Thatendrang verzehrt wie Percy.

S. 39, Z. 13 v. o.: „Rivo." — Ein zu Shakespeare's Zeit allgemein gebräuchlicher, aber unverständlicher Ausruf beim Trinken.

S. 39, Z. 7 v. u.: „In diesem Sect ist auch Kalk." — Man that Kalk in den Sect, damit er sich besser halte. Das Publikum klagte über diese, wie man annahm, der Gesundheit schädliche Mischung.

S. 40, Z. 2 v. o.: „Ich wollt', ich wär' ein Weber." — Die Weber standen im Gerucke besonderer Frömmigkeit, d. h. in Shakespeare's Zeitalter. Viele dieses Handwerks waren calvinistische Flüchtlinge aus den Niederlanden.

S. 43, Z. 7 v. o.: „Fielen ihre Hosen herunter." — Points heißt Degenspitzen und auch Hosenträger. „Als ihre points abbrachen —" sagt Falstaff, und Poins fällt ein: „Fielen ihre Hosen herunter." Die Uebersetzung des Spaßes ist von Schlegel.

S. 45, Z. 6 v. u.: „Das ist eine königliche Mahlzeit, schick' ihn damit zu meiner Mutter!" — Das Wortspiel, mit welchem der Prinz im Original den Boten des Königs abfertigen will, ist folgendes. Die Wirthin sagt: „Vor der Thür steht ein nobleman; er sagt, er komme von Eurem Vater." Der Prinz antwortet: „Legt so viel zu, daß es einen royal man macht und schickt ihn zurück zu meiner Mutter." Noble und Royal sind nämlich zwei Münzen, jenes 6 Sh. 8 P., dieses 10 Sh. werth.

S. 46, Z. 3 v. u.: „Feuerdünste." — Bardolf zeigt hierbei auf sein kupferrothes Gesicht, das „Feuer", von welchem der Prinz vorher sprach.

S. 47, Z. 14 v. o.: „Amaimon" — ist der Name eines Teufels, den der große Zauberer Glendower gezüchtigt zu haben sich rühmte.

S. 48, Z. 4 v. o.: „Blaumützen." — Die Schotten werden häufig „Blaumützen" genannt nach ihrer Kopftracht.

S. 49, Z. 7 v. o.: „König Kambyses." — Die Tragödie von „Kambyses, König von Persia", 1570 gedruckt, ist in bombastischem

Stile geschrieben; Falstaff will also seine Rolle pathetisch und gravitätisch durchführen. Der vollständige Titel des alten Stücks ist: „A lamentable tragedy, mixed full of pleasant mirth, containing the life of Cambyses, king of Persia." Die Verse, welche Falstaff an Frau Hurtig richtet, sind im Stile dieses Königs Kambyses; die dann folgende Standrede an den Prinzen persiflirt dagegen die Schreibweise des einst hochberühmten Verfassers des „Euphues", Lyly, welcher in dem genannten Werke u. a. sagt: „Wiewol die Kamille, je mehr sie getreten und gedrückt wird, desto mehr sich ausbreitet, so wird doch das Veilchen, je öfter man es berührt und betastet, um desto welker und schlaffer."

S. 51, Z. 11 v. o.: „Gebratenen Krönungsochsen." — Im Original steht: „diesem gebratenen Ochsen aus Manningtree." In Manningtree nämlich, einem Orte der vieh- und weidenreichen Grafschaft Essex, wurde alljährlich während des Jahrmarkts ein ganzer Ochse mit den Eingeweiden im Leibe gebraten. Zugleich gab es dann daselbst Aufführungen der volksthümlichen Schauspiele und „Moralitäten", in denen die allegorischen Figuren Laster, Gottlosigkeit und Eitelkeit (Vice, Iniquity und Vanity) eine stehende Rolle spielten. Diese Sitte erklärt, weshalb der Prinz Falstaff erst mit dem Ochsen und dann mit den gedachten Abstractionen vergleicht. Vice und Iniquity sind übrigens in den englischen „Moralitäten" regelmäßig komische Gestalten männlichen Geschlechts, die Vorläufer des Clown der spätern Bühne.

S. 52, Z. 2 v. u.: „Ich weise den Major zurück" u. s. w. — Falstaff leugnet den major, Vordersatz, daß er eine Memme sei; zugleich aber stellt er den major gewissermaßen als einen Würdenträger (mayor) dem Sheriff gegenüber. Möglicherweise steckt aber auch in den vorhergehenden Worten irgendeine Corruption; die Stelle: „Never call a true piece of gold a counterfeit: thou art essentially mad, without seeming so", bleibt auch nach der Emendation „mad" statt „made" dunkel und befremdlich.

S. 53, Z. 4 v. o.: „Geh, versteck' dich hinter die Tapete!" — Die Tapeten wurden nicht aufgeklebt, sondern an der Decke befestigt, sodaß sie frei herabhingen und ein Zwischenraum zwischen ihnen und der Wand blieb. Ebenso wie hier Falstaff, versteckt sich Polonius im „Hamlet" hinter die Tapete.

S. 53, Z. 9 v. o.: Bühnenweisung. — Die alten Ausgaben, deren Bühnenweisungen überhaupt sehr unvollkommen sind, bemerken an dieser Stelle nicht, wer auf der Bühne bleibt. Die spätern Herausgeber haben Poins als denjenigen bezeichnet, der dem Prinzen Gesellschaft leistet, obwol die alten Ausgaben im folgenden Dialog an den betreffenden Stellen immer Peto setzen. Es kommt ziemlich auf eins hinaus.

S. 57, Z. 4 v. u.: „Was, völlig bloß? und das bei
schlechtem Wetter?" — Der König, sagt Glendower im Original,
mußte bootless (d. h. unverrichteter Sache, aber auch stiefellos) heim-
ziehen. Die letztere Bedeutung benutzt Heißsporn, um den Waliser
zu verhöhnen.

S. 60, Z. 16 v. o.:

> „Ich kann's nicht lassen: oft erzürnt er mich,
> Wann er erzählt von Ameis' und von Maulwurf,
> Vom Faselhans Merlin und seinen Sprüchen,
> Vom Drachen und vom flossenlosen Fisch,
> Mauserndem Raben und gestutztem Greif,
> Vom ruh'nden Leun und der gebäumten Katz',
> Und einen solchen Haufen Wischiwaschi,
> Daß mir mein Christenthum vergeht."

Heißsporn carikirt die ihm heidnisch vorkommenden welschen My-
sterien, mit denen Glendower ihm zu imponiren versucht hat. In der
Einleitung ist schon angeführt worden, was Holinshed von den geheim-
nißvollen celtischen Prophezeiungen berichtet, welche auf König Heinrich
und dessen vermeintlich bevorstehenden Untergang gedeutet wurden;
auf derartige, häufig hinter Thiernamen sich verbergende Weissagungen
spielt Heißsporn hier an.

S. 62, Z. 4 v. o.: „Das du aus diesen schwellenden
Himmeln strömst." — Mortimer meint die Thränen, die aus den
Augen, „den schwellenden, d. h. überströmenden Himmeln", seiner
Gemahlin fließen. Hielte die Scham ihn nicht zurück, so würde er
auch weinen.

S. 62, Z. 13 v. u.: „Ihr sollt Euch auf die üpp'gen
Binsen legen." — Die Binsen, mit denen man die Wohngemächer
auch in fürstlichen Häusern bestreute, dienen hier statt des Ruhebetts.

S. 64, Z. 5 v. o.:

> „Und gibst für deinen Schwur so taffitne Bürgschaft,
> Als gingst du nie weiter als Finsbury.
> Schwör', Käthe, wie 'ne Dame, die du bist,
> Schwör' einen tücht'gen Mund voll, laß „im Ernst"
> Und solche Pfeffernußbetheurungen
> Den Sammetborten und den Sonntagsbürgern."

Heißsporn haßt die hausbackenen zahmen Betheurungsformeln, wie
sie die Frauen der wohlhabenden Spießbürger, die mit Sammetborten an ihren Kleidern einhergehen, gebrauchen: sie sind nur eine
Bürgschaft von Tafft, während Ritter und Ritterfrauen eiserne Schwüre
haben sollen. „Als gingst du nie weiter als Finsbury" heißt so
viel wie: „Als wärst du ein londoner Stadtkind." Finsbury, gegen-
wärtig ein Theil der Hauptstadt, lag damals vor den Thoren Londons
und war das Ziel der Sonntagsspaziergänger.

S. 64, Z. 13 v. o.: „Es ist auch der gerade Weg zum Schneiderwerden." — Die Schneider, bei ihrer geräuschlosen Arbeit, singen mehr als andere Handwerker; diese Beobachtung findet sich auch in andern Schriftstellern der Shakespeare'schen Zeit.

S. 69, Z. 1 v. o.: „Lord Mortimer von Schottland hat gemeldet." — Shakespeare verwechselt hier zwei Familien, die schottischen Lords March und die englischen Grafen March). Erstere hießen mit ihrem Geschlechtsnamen Dunbar, letztere Mortimer. Der schottische Magnat George Dunbar, Lord March, von dem hier die Rede ist, war ein Anhänger des englischen Hofs.

S. 70, Z. 11 v. o.: „Du trägst die Laterne am Hinter-steven." — Wie das voransegelnde Admiralschiff die Laterne hinten aushängt, um dem Geschwader den Weg zu zeigen, so leuchtet Bar-dolf's rothe Nase den andern voran.

S. 73, Z. 7 v. u.: „Jungfer Marianne beim Mohren-tanz." — Die sogenannten Mohrentänze waren pantomimische Dar-stellungen, welche am 1. Mai und zu Pfingsten auf der Straße aufgeführt wurden, und in denen Robin Hood, der altenglische Balladen-held, mit seinen Genossen und der „Jungfer Marianne", seiner Ge-liebten, figurirte. Da alle diese Personen, Marianne nicht aus-genommen, von Männern dargestellt wurden, so bedeutet Falstaff's Ausdruck: du bist von Frauenschaft so himmelweit entfernt, wie ein männlicher Tänzer davon entfernt ist, die Frau eines ehrbaren städtischen Beamten zu werden. — Daß „geschmorte Pflaumen" als Beispiele der Unwahrhaftigkeit oder Unzuverlässigkeit angeführt werden, hat seine besondere Bewandtniß. Alte Sünder, wie Falstaff, aßen dies Gericht, weil man demselben kräftigende Wirkungen zuschrieb, sahen sich aber wahrscheinlich in ihren Erwartungen häufig betrogen.

S. 77, Z. 3 v. u.: „Was bringst du? Briefe? — (Zu Douglas.) Ich kann Euch nur danken." — Die Stelle scheint so gelesen werden zu müssen, daß Heißsporn dem Douglas, welcher ihm eben ein Compliment machen will, mit den Worten: „Thut das, und gut!" in die Rede fällt, dann haftig den Boten nach den Briefen fragt, und hierauf sich wieder an Douglas wendet: „Ich kann Euch nur danken für Eure gute Meinung." Douglas hat sagen wollen, daß er den Heißsporn als seinen Meister anerkenne, obwol er sonst vor keinem noch so mächtigen Manne sich beuge. Ohne diesen ihm durch Heißsporn abgeschnittenen Nachsatz würden seine Worte eine un-motivirte Großsprecherei enthalten.

S. 82, Z. 6 v. o.: „Engel." — Eine Goldmünze, zehn Schil-ling werth.

S. 89, Z. 2 v. o.: „Bringt dies petschirte Schreiben zum Lord-Marschall." — Diese Scene weist auf den zweiten Theil des Bürgerkriegs, welcher nach der Niederlage Percy's ausbrach, ein-

leitend hin. Der Lord-Marschall von England, an welchen der Erz-
bischof das petschirte Schreiben sendet, ist Thomas Mowbray, der
Sohn des Herzogs von Norfolk, welcher unter Richard II. in der
Verbannung starb, also ein geborener Feind des Königs Heinrich.

S. 91, Z. 1 v. o.: „Sympathisir' er denn mit den Ver-
lierern." — Das heißt, wir wollen annehmen, daß dies ominöse
Aechzen des Windes sich nicht auf uns, sondern auf die bevorstehende
Niederlage der Gegner bezieht.

S. 92, Z. 12 v. u.: „Wie Ihr sie selbst geschmiedet wider
Euch." — Worcester will sagen, der König selbst habe die Waffen
der Rebellion geschmiedet, indem er durch sein Verhalten die ehemaligen Freunde zur Verzweiflung trieb.

S. 100, Z. 9 v. o.: „Der Türke Gregorius." — Der
„Türke", d. h. der Großtürke, erschien bisweilen in den altenglischen
Spectakelstücken und mähte, wie man denken kann, zahlreiche Köpfe
ab. Weshalb Falstaff ihm den kanonischen Namen Gregorius beilegt,
ob nur aus Scherz, oder weil wirklich irgendein damaliges Drama
einen türkischen Kaiser Gregorius kannte, oder weil, wie Delius annimmt, der Papst Gregorius den Engländern ungefähr ebenso un-
heimlich und schauerlich vorkam wie der Sultan, das sind Fragen,
die noch ihrer Lösung harren.

S. 100, Z. 8 v. u.: „Ja, Heinz, 's ist heiß, 's ist heiß:
da ist was brin für die Sectirer." — Im Original: „there's
that will sack a city", etwas zum Plündern einer Stadt. Sack
heißt auch Sect.

S. 105, Z. 4 v. o.: „Wenn nicht das wichtigste, das
schwerste Wild." Death hath not struck so fat a deer to-
day, Though many dearer. — Das Wortspiel deer, Wild, und
dearer, werthvoller oder theurer, ist natürlich nicht übertragbar.

S. 105, Z. 10 v. o.: „Bramarbas aus Schottenland." —
Wörtlich: „Sonst hätte mich dieser hitzige Bramarbas Schotte (Scot)
Steuer (scot) zahlen lassen."